산티아고 가는 길에서 기독교를 느끼다

산티아고 가는 길에서 기독교를 느끼다

진종구 지음

KNOWLEDGE COMMUNITY
공동체

서문

산티아고 가는 길을 걷는다는 것은 현대인의 로망roman이다. 시중에 잘 팔리는 카미노 책들은 모두 800㎞에 이르는 전 구간을 완주한 내용 일색이다. 삶이란 때로는 좌절하고, 때로는 실패하는 이야기들로 이루어진다. 그래서 산티아고 가는 길도 반드시 걸어야만 한다거나 전 구간을 완주해야 한다거나 하는 얘기들로만 이루어지는 것보다는 어떤 때는 차도 타고 어떤 때는 그냥 쉬기도 하는 것이 좋지 않을까 라고 생각된다. 그냥 마음 내키는 대로, 체력이 허락하는 대로, 그때그때의 상황에 따라 여정의 종착지로 향해가는 수단을 달리하는 것 역시 순례의 한 방법이다. 우리 일행은 어떤 때는 택시로, 어떤 때는 버스로 일정 거리를 건너뛰었다. 혹자는 중세의 순례길을 느끼려면 온전히 두 다리로만 걸어야 한다고 말한다. 그렇다면 중세 순례자들은 말이나 마차를 타지 않고 그냥 걷기만 했단 말인가. 말과 마차를 타고 순례를 떠났던 귀족들도 있었으리라. 온전히 걷지 않은 것에 대한 변명이라고 비난해도 좋다. 어쨌거나 우리는 일정 거리를 건너뛰었다. 무작정 걷기만 한 것이 아니라 차를 타기도 했다. 이것이 인생이고 수단을 달리한 삶의 한 방법이 아닌가.

이번 순례는 평소 좋아하던 신부님과 함께했다. 지난해 순례길에서의 기도가 이루어진 것이다. 몇 해 전 심각하게 앓던 우울증은 어느 사제의 병자성사에 의해 씻은 듯 사라졌다. 나는 자랑하고 싶어 사제에게 말했다. 간증이라도 해야 될 것 아닌가 하고. 하지만 사제의 말은 뜻밖이었다. 모든 성사는 오로지 예수님께서 집전하시며 사제는 단순히 도구에 지나지 않을 뿐이니 자랑할 말도 없고 과시할 필요도 없다는 것이다. 또한 병자성사를 받는 내가 믿음으로 받아들였기 때문에 나았다는 것이다. 그 사제가 바로 이기수 요아킴 신부님이시다. 성경말씀이 저절로 생각난다.

> 예수님께서는 그 여자에게 이르셨다. "네 믿음이 너를 구원하였다. 평안히 가거라." (루카 7, 50)

산티아고 가는 길은 단순히 걷기열풍에 편승해 그냥 걸어가는 길이 아니다. 천 년을 이어온 기독교 신앙의 상징이자, 이교도들과의 투쟁을 대변하는 역사적인 문화유산이다. 에스파냐스페인의 중세 역사는 가톨릭의 역사라 해도 과언이 아니다. 그만큼 가톨릭이 에스파냐에 끼친 영향은 지대했다. 그러기에 순례기 중간중간에 중세 기독교도들과 무슬림Muslims, 이슬람교도들과의 투쟁의 역사를 기록해야 했다.

이 책에서는 가톨릭과 기독교를 혼용해서 사용했다. 기독교基督敎는 그리스도교Christianity의 한자어이고 예수 그리스도를 믿는 모든 종교를 의미한다. 기독교는 가톨릭, 정교회, 성공회, 신교를 모두 포함한다. 소위 천주교舊敎, Catholic에 항거하여 새롭게 탄생했다는 의미를 지닌 프로테스탄트新敎, Protestants만이 기독교가 아니라는 말이다. 우리나라에서는 가톨릭을 천주교, 프로테스탄트를 기독교라고 부른다. 이것은 잘못된 용어의 선택으로 모두가 기독교라는 사실을 알아야 한다. 독자들만큼은 기독교를 신교또는 개신교로 한정해 부르지 않기를 바라는 마음이 간절하다.

카미노의 본질은 전 기독교도가 혼연일체가 되어 정신적 단결을 도모함으로써 이교도들을 몰아냈다는 데 의의가 있다. 그러기에 신앙은 정신적 카타르시스Catharsis를 추구하기에 적격이다. 산티아고 가는 길이라는 의미를 지닌 '카미노 데 산티아고'는 정신이 물질을 지배함을 보여준다. 극심한 육체적 고통에도 불구하고 정신적인 힘으로 버텨내기 때문이다. 카미노길를 걷는 과정에서 종국적으로는 마음이 정화됨을 실감한다. 힘들고 지쳐 쓰러진 어느 날, 카미노의 경험은 자신을 다시 일으켜 세우는 이정표가 될 것이다.

프롤로그

_이기수 요아킴 신부

가거라 'Ite'.(루카 10, 3) 예수님 말씀 중에 가장 짧고 명료한 단어이자 문장이다. '가거라'의 라틴어는 '이테 Ite'이다. 이 짧은 말씀은 예수께서 몸소 가시려는 모든 고을과 고장으로 일흔두 명의 제자를 파견하시면서 던지신 말씀이었다. 야고보 사도는 예수님의 말씀에 따라 순교의 길을 걸으셨다. 야고보 사도는 스페인 서북부 '산티아고 데 콤포스텔라 Santiago de Compostela'까지 복음을 전하고 그리스도교 공동체를 설립하였다. 그 후 팔레스티나로 돌아왔다가 붙잡혔고 목숨을 바쳤다. 참수된 야고보의 유해를 에스파냐 스페인 로 옮긴 제자들은 야고보 사도가 열정을 바쳐 복음을 전한 현장에 다시 모셔지기를 원했던 것이다. 그 죽음 앞에 많은 그리스도 신자들은 힘을 얻기 시작했다. 더 열정을 갖고 공동체를 만들어 나갔다.

죽음이 위로가 될 수밖에 없었던 에스파냐의 중세 역사 속에 성인의 유해가 일으킨 수많은 기적에는 다른 설명이 있을 수 없었다. 순례의 역사는 그렇게 시작되었다. 사라센의 침략으로 유해가 한동안 유실되었다가 800년경 다시 발견되었을 때 가톨릭 신앙은 더 크게 하나로 뭉칠 수 있었다. 그것은 삶의 기쁨이었다.

평소 야고보는 예수님의 활동 중 가장 중요한 순간을 함께했던 사도였다. 예수께서 다볼산에서 변모하셨을 때 그 현장에 있었던 야고보, 예수께서 게세마니 동산에서 공포와 번민에 싸여 기도할 때 다른 제자들보다 더 가까이 있었던 야고보, 예수께서 십자가 처형을 당하는 순간 예수의 어머니 마리아를 모시고 골고타 언덕의 처형 현장에 있었던 야고보였다. 그러한 야고보 사도는 자신의 사명을 다하고 제자들에 의해 산티아고에 묻혀 계신 것이다. 시대적 사명을 직시하지 못하고 우왕좌왕하며 교회가 흔들리고 있을 때 하느님은 수도회를 통해 난관을 해결해 나가셨다. 마치 야고보 사도가 예수 곁에서 필요한 증인이 되었듯이 가톨릭은 까르멜, 예수회, 아씨시 프란치스코 수도회 등을 통해 시대적 고비마다 영적으로 정화시켜 나간 것이다. 하느님의 뜻이 담긴 삶의 증표로 탄생시키셨다. 모성애가 결핍된 험한 시대에서는 어머니 마리아를 이 세상에 보내시어 기도로 화합하는 메시지를 보내셨다. 프랑스 루르드 성모 발현은 교회를 위해서, 포르투갈의 파티마 발현은 세계 평화를 위해서, 벨기에 반늬 발현에서는 가정을 위한 메시지로 당신 아들 예수님의 뜻을 전하셨다. 2000년 가톨릭 역사 속 삶의 현장은 야고보 사도의 순교로 시작하여 한국 천주교회의 탄생까지 거침없는 순교와 희생, 애덕을 통한 복음을 증거하였다. 때로는 교만했던 과거의 수치스러운 기억들을 2000년 대희년 문턱을 넘기 전에 교황 요한 바오로 2세께서 진심으로 통회와 용서로 침묵의 시간을 요청하셨다. 이제는 새로운 시대를 향한 희망의 발걸음을 옮겨야 한다. 그 새로운 길을 떠나기에 앞서 예수의 열두 사도 중 첫 번째로 목숨을 바친 야고보 사도의 사목현장에서 그분의 숨결을 맛보고 싶었다. 지난날의 덧없는 시간들을 풍랑 속의 쪽배에 매달고 달려가고 싶은 마음이 간절했다. 지나간 일들은 과거를 회상하는 길을 걸으며 용서를 청할 것이다. 높은 언덕을 오르며 거친 숨을 몰아쉴 때마다 고난의 십자가를 생각하며 길 위의 사제로 남으리라 다짐할 것이다. '천둥의 아들'이라는 별명이 붙은 야고보 사도처럼 열정적 삶을 살아가야겠다고 카미노길에서 다짐했다. 내 자신도 사목의 현장에 묻힌다면 가장 큰 영광이 될 것이다. 우리는 이 여정을 위해 몇 가지 묵상해야 할 일들이 있었다.

첫째, 산티아고는 마음으로 걷는 길이다.

가끔 신자들과 성지순례를 동행하곤 했다. 충청도 연풍성지에 갔을 때였다. 그곳의 신부님께서 강론 말미에 멋진 말로 신자들의 마음을 사로잡은 적이 있었다. "눈으로 보면 관광이요, 마음으로 보면 성지다." 더 이상 설명이 필요 없을 것 같다. 지금 내가 걷는 길에는 눈요기하기에 좋은 풍경들로 가득하다. 고생하며 걷는 길에 수많은 사람들을 만나게 된다. 그들은 시키지도 않은 공통된 인사말을 무수히 주고받는다. "부엔 카미노 Buen Camino!" 좋은 길 good road 이라는 의미다. 좋은 길을 나쁘게 만들면 안 된다. 좋은 길에도 가끔 공공질서를 어지럽히는 일들이 적지 않다. 종교적으로 길을 걷는 이들도 있지만 그렇지 않은 이들도 적지 않기 때문이다. 순례의 본 의미를 모르고 떠난 이들의 발걸음은 자칫 삶을 더 지치게 만든다. 그렇기 때문에 그들은 길을 걷는 동안 그저 눈요기만 하고 지나칠 뿐이다. 하느님께서는 우리가 걷는 길에 아름다운 풍경을 선물로 주셨다. 그 현장에서 눈요기를 초월하여 마음을 열고 조금만 더 들여다보기만 한다면 카미노는 인생의 참된 가치를 발견할 수 있는 길이 된다.

둘째, 산티아고는 사랑으로 걷는 길이다.

마더 데레사 수녀께서 하신 말씀이다. "참된 사랑이 되기 위해서는 반드시 희생의 대가를 치러야 한다. 그러나 그 사랑은 쓰고 아프다." 참 아름다운 말씀이다. 쓰고 아픔이 없이 자녀들을 곱게 키우는 오늘날에 이 시대의 학생들은 나눔이 없다. 자기만 안다. 이 순례의 길 위에서도 헌신적인 사랑이 필요하다. 옷이 없는 이들, 도난당한 이들, 몸이 아파 움직이기 어려운 이들, 걸음이 더딘 이들, 먹을 것이 부족한 이들이 그 대상이다. 우리가 만나는 이들과도 기꺼이 나눌 수 있는 형제애가 스며든 길이 바로 카미노의 정의다. 카미노에서 수많은 사람들이 이런 정을 나누고 있다는 것을 알게 된다. 누군가는 아픈 이들의 배낭 무게를 나누고, 누군가는 타인의 고민을 들어주는 귀가 되어 희생을 스스로 감내한다. 누군가는 물집이 터진 곳에 약을 발라주는 사랑을 나누는 아름다운 영혼이 있었다. 나눌 줄 모르는 이들은 이 길을 통해 나눔과 사랑을 배워야 한다.

셋째, 산티아고는 용서의 길이다.

카미노는 걷는 동안 숱한 기도를 오랫동안 할 수 있어 좋았다.

사제인 나조차도 묵주기도 60단에서 80단을 매일매일 바친 적이 없었다. 길에서 바치는 수십 단의 묵주기도 속에서 만날 수 없었던 많은 분들을 기억할 수 있었다. 바쁘다는 사제의 핑계 때문에 멀리서 있는 사람들을 보지 못하고 살아왔다. 그런 분들을 기도 안에 초대하고 가까이서 대화를 할 수 있었다. 만나서 용서 청하지 못한 것을 주님 앞에서 용서를 청하며 대속의 길을 걷게 되었다. 미워했던 사람도 만났다. 부끄러운 과거도 다시 낚시질로 끄집어내 용서를 청했다. 지난날의 꺼져버린 시간까지도 성모님의 도움으로 기억의 태엽을 다시 감으며 길 위의 순례자들을 축복했다. 우리도 돈 때문에, 진학 때문에 힘든 삶의 현장 속에서 주고받은 숱한 사연들이 겹겹이 쌓여 있을 것이다. 그 모든 것을 다 털어버릴 수 있었던 것은 순교자 야고보 앞으로 달려가기 위한 작은 봉헌이 되었다.

위의 세 가지 커다란 이정표를 세우고 길을 걸으니 긴 시간도 의미 있게 보낼 수 있었다. 우리 일행 열 명이 함께했던 시간들을 회상한다는 의미에서 진종구 요아킴 형제의 절대적인 도움을 받으며 이 글을 쓰게 되었다. 하나의 기록으로 남긴다는 것은 자랑스러운 추억이고 선물이 될 것이 분명하다. 이 선물이 누군가에게 커다란 위안이 되었으면 좋겠다. 나는 이 선물을 걷고 싶어도 걷지 못하는 이들을 위해 바치고 싶다. 특히 자폐자녀를 보호하려고 휴가 한 번 제대로 가보지 못한 부모님들을 위해 바치고 싶다, 자폐아들을 위한 집을 지어달라고 애절히 빌고 있는 이들의 기도를 야고보 사도께 전하고 오라는 약속을 받았으니까.

"용기를 내어라. 나다. 두려워하지 말라. Habete fiduciam, ego sum; nolite timere!" (마태 14, 27)

차례

N
W
E
S
프랑스
생장피에드포르
팜플로나
피레네 산맥
로그로뇨
부르고스
레온
산티아고 데 콤포스텔라
폰페라다
포르투갈
에스파냐
CAMERA

카미노를 결행하다

9. 16 화, 화창

서울Seoul에서 모스크바Moscow를 경유하여 에스파냐España까지

프란치스코 교황은 “시류를 거슬러 갈 필요가 있다. 그러기 위해서는 용기가 필요하다”고 말했다. 사람들은 질주하는 속도의 경쟁에서 뒤처지기를 바라지 않는다. 마음의 여유와 자신을 돌이켜 볼 시간조차 허락하지 못할 정도로 말이다. 무한 속도경쟁 속에서 느림의 미학을 느껴볼 시간을 갖는다는 것은 실로 도박이다. 사제와 함께하는 산티아고 순례는 느림과 고난의 일상을 실천하는 새로운 도전이다. 우리 일행은 시류時流를 거스를 용기勇氣를 지녔다. 우리는 이를 행동에 옮길 여정에 나선다.

에스파냐에는 종교적으로 아주 중요한 길이 있다. 아름답고 소박한 길이라 누구나 한 번쯤은 걷고 싶어 한다. 이 길은 프랑스의 국경도시 생장피드포르에서 시작하여 이베리아 반도를 가로지른다. 길은 그렇게 서쪽으로 800㎞ 남짓 뻗어나간다. 종교가 곧 구원

이자 생명이던 중세시대, 수많은 순례자들이 목숨을 건 모험과 다름없던 험난한 길을 두 발에만 의존한 채 걸어갔다. 무려 천 년의 시간이 오롯이 녹아든 이 길은 산티아고 가는 길이라는 뜻으로 '카미노 데 산티아고Camino de Santiago'라고 부른다. 대다수의 순례자들은 산티아고로 향하는 순례길을 통상적으로 카미노Camino, 길라고 줄여 부른다. 예수의 열두 제자 중 한 명인 성 야고보가 묻힌 성지를 찾아가는 이 순례길은 종교적 의미를 초월하여 이제는 인생의 목표를 찾기 위한 희망의 길로도 이용된다. 우리는 축복의 땅 산티아고를 찾아가는 대장정에 돌입하게 된다.

성직자로서 외롭고 험난한 길을 걸어온 이기수 요아킴 신부님, 산티아고 가는 길이 생애 최고의 선물이라는 권영익 프로야구 심판위원, 가톨릭 신자로서 한 번쯤은 온전히 중세의 순례길을 경험해 보고 싶었다는 이은미 데레사, 좀 더 큰 세상 속에서 자신과 만나고 싶다는 양연희 세실리아, 자신만을 생각하는 시간을 갖고 싶어 이 길을 택했다는 김향, 뜨거운 마음을 식히고 싶어 떠난다는 노정희, 상념을 떨치기 위해 배낭여행에 도전해 보고 싶다는 강진경, 세상을 마음껏 구경하고 싶어 배낭을 꾸렸다는 김미숙, 그리고 두 번째 이 길을 걷는 아내와 나! 종교적 체험과 더불어 세속적 희망을 찾아 떠나는 산티아고 여정에 이렇게 10명이 참가했다. 여성 순례자들은 모두 아내와 친분이 있는 사람들이다.

인천국제공항 터미널의 재잘거림도 조금 후면 추억이 될 터,

커피 한 잔의 여유로움을 즐긴다. 첫날 여정은 아에로플로트항공을 이용하여 인천에서 모스크바로 간 다음, 다시 마드리드까지 날아가는 환승노선이다. 국내항공에 비해 비교적 저렴한 러시아 국적의 항공사를 택한 탓이다. 언제나처럼 항공기의 이륙순간은 실로 짜릿하다. 마치 누군가 엉덩이를 밀어 올려주듯 몸이 솟구친다. 이 순간만큼은 비행기와 내가 물아일체物我一體가 된 느낌이다. 대부분의 사람들은 이륙과 착륙 순간이 가장 위험하다고 두려워하는데 나는 그들과 무엇이 다른 것일까? 전에도 그랬고, 그 전에도, 또 그 이전에도 변함없이 이륙의 순간을 즐겨왔으니 하는 말이다. 모스크바에서의 환승도 시간 속에 묻혀버린 지 오래, 어느덧 마드리드 공항에 도착했다. 전철의 혼잡함을 즐길 겨를도 없이 까미노 친구연합까친연 민박집에 여장을 풀었다. 몸도 제대로 가누지 못할 정도로 작은 샤워장에서 몸을 움직여야 하는 불편함을 피부로 느낀다. 비로소 순례의 십자가가 무겁게 다가옴을 절감했다.

대장정을 시작하려면 순례자협회에서 발급한 순례자 여권이라 불리는 크레덴시알Credencial이 있어야 한다. 산티아고 가는 길의 주요 지점에서 크레덴시알에 도장을 받음으로써 산티아고까지 걸어갔다는 사실을 증명할 수 있다. 또한 이 순례자 여권이 있어야만 알베르게albergue라 불리는 순례자 전용숙소에 묵을 자격이 주어진다. 우리 일행은 이곳 마드리드의 까미노 친구연합 사무실에서 크레덴시알을 준비했다. 산티아고 가는 길을 걷기 위해 모여든 우리들은 크레덴시알을 발급받음으로써 비로소 순례자 페레그리노, Peregrino 라는 공통된 신분을 얻게 되었다. 이제 우리는 순례자다.

성모 발현 성당에서 미사를 드리다

9. 17 수, 하늘엔 하얀 뭉게구름 두둥실

열차 타고 마드리드Madrid에서 레온León까지
레온León에서 비르헨 델 카미노Virgen del Camino까지 7.5㎞

시차적응이 안 됐는지 아침 일찍 눈을 떴다. 레온León행 기차를 타기 전에 아침식사를 해야 할 텐데…. 역시 여자들이 많아서 좋다. 라면을 끓여 밥을 말아먹는, 게다가 식탁에는 싱싱한 김치까지 곁들인 성찬 중의 성찬이 준비됐다. 왁자지껄한 식사가 끝나자마자 여러 명의 여성들이 순식간에 식탁과 부엌을 깨끗이 정리한다. 역시 여성 순례자들을 대동하길 잘했다. 나중에 힘들지라도 지금은 그렇다.

산티아고로 가는 길은 여러 경로가 있지만 대부분의 사람들은 프랑스 '생장피드포르'에서 시작하는 800여 ㎞ 남짓한 프랑스길Camino de Frances을 주로 선택한다. 우리는 앞으로 20여 일 동안 하루에 20~30㎞를 걷는 고난의 행군을 하게 된다. 짧은 시간 탓에 레온에서부터 산티아고까지의 330㎞ 정도의 여정만 소화하기로 결정했다. 그러나 10명이 일사불란하게 움직인다는 것은 무리였다. 그래서 각자의 속도에 따라 꾸준히 걸어 하루 여정의 종착지에서 만나기로 했다. 누가 앞서고 누가 뒤처질지는 아무도 모른다. 걷는 내내 모든 순례자들은 발바닥의 고통과 무릎의 고난을 짊어져야 한다. 어젯밤 이기수 신부님께서 "불교는 고통으로 인하여 해탈하고, 그리스도교는 고통을 통하여 부활한다"고 말했다. 예수께서 이 세상에 오셔서 모든 사람들의 죄를 대속하여 십자가에 못 박혀 돌아가시는 수난을 당함으로써 오늘의 우리가 있는 것 아닌가! 예수의 고난과 십자가에는 비교할 수는 없지만, 우리 일행은 앞으로 몸소 고난을 경험하게 되리라. 그리고 종교적으로 한 단계 더 성숙해지는 계기가 될 것이다.

레온 대성당

오전 10시 30분 마드리드 차마르틴Madrid Chamartin역에서 기차에 몸을 싣자 달콤한 잡담에 빠진다. 그러는 사이 어느덧 레온León에 도착했다. 대성당의 위용이 우리를 사로잡는다. 레온은 곧게 뻗은 순례길에 위치한 도시로 한때 레온 왕국의 수도로 매우 번창했던 도시다.

에스파냐 고딕양식의 최고 걸작으로 평가받는 레온 대성당! 성당 안 스테인드글라스는 13세기에 시작되어 19세기에 이르러서야 끝이 났을 정도로 오랜 시간을 필요로 했다. 스테인드글라스가 차지하는 넓이만도 무려 1,800㎡에 달할 정도다. 형형색색 화려하게 빛나는 광경은 유럽 예술의 최고봉을 보여주는 듯 아름답기 그지없다는데 시에스타siesta, 낮잠 자는 시간라 오후 4시까지 문을 열지 않는다고 한다. 레온 대성당 바깥에서 기념촬영을 하는 것으로 만족해야 했다. 그런데 우리 순례의 출발지 레온은 어떤 도시일까?

기원전 8세기 로물루스는 로마를 건국했다. 로마는 기원전 3세기 한니발 장군이 이끄는 카르타고와의 전쟁에서 승리한 뒤, 기원전 2세기경에는 지중해 연안을 모두 점령할 정도로 강력하게 성장하였다. 당시 로마는 정복지역 중에서도 지중해 북쪽 연안의 에스파냐España를 가장 소중하게 생각했다. 그래서 에스파냐 전역에 도로를 건설하여 로마의 가도와 연결했고, 전략적으로 중요한 곳에는 도시를 건설하기 시작했다.

기원전 1세기 무렵 에스파냐의 북쪽 칸타브리아 산악지대에서는 금광개발이 한창이었다. 광산에서 벌어들인 부富는 로마로 흘러들어 갔다. 로마는 채굴된 금으로 제국의 동전을 주조하여 널리 유통시켰다. 그만큼 에스파냐의 금은 로마제국의 번영에 핵심적인 역할을 하게 되었다. 그 대신 로마는 에스파냐에 건축과 문화, 체계

화된 법률 등 선진문물을 전해 주었다. 에스파냐는 당연히 로마화되기 시작했다. 이때 로마가 금광개발을 위해 건설한 도시가 레온León이었다. 로마에서부터 중요한 지점을 연결하던 간선도로幹線道路도 당연히 레온을 통과하고 있었다. 과거에는 금이 모여들던 경유지로, 지금은 이베리아 반도 북서부의 경제 중심지로 역사의 질곡을 버텨온 레온León이 우리 여정의 출발점이기에 더욱 의미가 깊다. 이곳부터 산티아고까지 330여 ㎞의 거리를 걷는 아름다운 동행이 시작된다.

내리쬐는 햇볕 속에 딱딱하게 다져진 콘크리트길을 걷는 것처

레온과 트로바호 델 카미노를 연결하는 다리

럼 팍팍하고 힘든 일은 없다. 과거 로마병사의 숙영지로 그 의무를 다했던 트로바호 델 카미노Trobajo del Camino, 조그만 개천을 경계로 찰거머리처럼 레온과 붙어 있다. 두 도시의 경계란 찾아보기 어렵다. 로마는 주요 정복지에 직접 군단을 주둔시키지 않았다. 지역민들에게 정복자로 비춰지는 것을 꺼려해서다. 대신 혼잡한 도시를 피해 적절한 곳에 군대를 주둔시키다 상황이 발생하면 도로를 통해 신속히 군대를 보냈다. 그래서 인구가 밀집된 레온을 피해 외곽에 병사의 숙영지를 마련하였다. 그곳이 바로 '트로바호 델 카미노'이다.

기원전 3세기경 지구의 동쪽과 서쪽에서는 각각 대규모 토목사업이 벌어졌다. 대륙 동쪽에 위치한 중국은 흉노족의 침입을 막기 위해 방벽을 쌓았다. 이 방벽은 16세기 명나라 때 쌓은 장벽까지 포함하여 총 5,000㎞에 이른다. 소위 만리장성이라 부르는 이 방벽은 사람들의 왕래를 차단하기에 충분했다. 반면 서쪽의 로마는 가도街道를 건설했다. 중국과 달리 차단보다는 소통과 왕래를 필요로 했던 것이다. 기원전 3세기부터 서기 2세기까지 500년 동안 건설한 도로만도 150,000㎞이며, 이 중 지선도로支線道路를 제외한 간선도로幹線道路도 무려 80,000㎞에 이를 정도다. 로마는 정복지마다 군대를 주둔시키지 않았다. 군대가 주둔하면 지역주민과 마찰이 생기기 마련이다. 그러한 마찰을 방지하기 위해 특정 지역에 군단을 주둔시키다 무슨 일이 발생하면 가도를 통해 민첩하게 군대를 보냈다. 또한 도로는 정복한 도시를 관통하게 설계되었다. 이는 문물 전달이 쉽게 이루어져 정복지역의 로마화가 빠르게 이루어질 수 있다는 장점을 가진다. 에스파냐는 도로를 통해 급속도록 로마화化되어 갔다. 로마제국 최초의 속주 출신 황제 트라야누스재위 98~117년가 바로 이곳 에스파냐 출신인 것만 봐도 에스파냐의 로마화가 도로를 통해 이루어졌음을 알 수 있다. 그 외에도 아드리아누스, 마르쿠스 아우렐리우스, 테오도시우스가 에스파냐 출신으로 로마제국의 황제가 되었다. 즉, 가도街道가 지니는 개방성과 포용성이 로마를 위대한 제국으로 만드는 원동력이 되었다. 당시 에스파냐는 도로로 인해 로마의 속주라기보다는 로마제국의 일부로 변모한 것이다.

비르헨 델 카미노Virgen del Camino 마을! 명칭 그대로 '순례길의 동정녀'라는 뜻이다. 즉, 순례길을 걷는 순례자들을 수호하는 동정 마리아를 의미한다. 예수께서 동정 마리아에게서 태어난 사실을 모르는 이는 없으리라. 1505년 한 목동은 성모 마리아께서 발현한 모습을 직접 목격하였다. 당시 이곳을 관할하던 주교는 그곳에 성당을 짓고 동정 마리아에게 헌정하였다. 1961년 현재의 모습으로 새롭게 단장되어 순례길의 동정 마리아, 즉 카미노의 성모 성당으로 바뀌었다. 우리는 오늘 이 성당에서 새로운 역사를 쓰게 된다.

카미노의 성모 성당

카미노의 성모 성당에 도착하자마자 신부님과 성당 안으로 들어갔다. 이기수 신부님과 나는 성모 발현을 묵상하며 묵주기도 5단을 올리기 시작했다. 어느 사이 한 소녀가 곁에 서서 두 손 모아 기도하고 있다. 기도를 마친 소녀는 나를 보고 천진난만하게 웃는다. 하느님의 은총이 소녀와 함께하기를…. 묵주기도를 마치고 돌아서는데 수도원의 한 사제가 들어온다. 신부님과 얘기를 나눈 그곳의 주임사제는 오늘 밤 제대 뒤편의 아담한 성당을 우리에게 빌려주신단다. 저녁 6시 30분 이기수 신부님이 집전하는 우리만의 미사가 시작되었다. 양연희 세실리아, 이은미 데레사 그리고 우리 부부

카미노의 성모 성당에서 우리만의 미사를 드리다

가 참례했다. 나머지 사람들은 가톨릭 신자가 아니라 미사를 드리지 않고 알베르게 순례자 숙소의 주방에서 저녁식사를 준비하기로 했다. 이역만리 異域萬里 에스파냐에서 한국의 신부님이 집전하는 미사는 장엄하다 못해 감격스럽기까지 했다. 제1독서와 제2독서는 연희 세실리아, 은미 데레사 그리고 아내가 함께했다. 예수께서는 사도들과의 최후의 만찬에서 성찬례를 제정하셨다.

> 예수님께서는 또 빵을 들고 감사를 드리신 다음, 그것을 떼어 사도들에게 주시며 말씀하셨다. "이는 너희를 위하여 내어 주는 내 몸이다. 너희는 나를 기억하여 이를 행하여라." 또 만찬을 드신 뒤에 같은 방식으로 잔을 들어 말씀하셨다. "이 잔은 너희를 위하여 흘리는 내 피로 맺는 새 계약이다."(루카 22, 19-20)

가톨릭은 미사 때마다 예수 그리스도를 기억하여 성찬례를 행한다. 어떤 사람들은 매번 미사 때마다 거르지 않고 빵과 와인을 나누는 성찬의식을 번거롭게 왜 하느냐고 질문한다. 하지만 '너희는 나를 기억하여 이를 행하여라'라는 성경 구절을 따른다면 매번 성찬의식을 행하지 않는 것이 더욱 이상할 것이다. 우리는 엄숙한 마음으로 성찬전례를 행한다. 신부님께서는 미사에 참석한 신도들과 그 가족, 그리고 모든 순례자들을 위해 축복을 해주신다.

미사를 마치고 밖으로 나오자 갑자기 소나기가 쏟아진다. 겨우겨우 알베르게Albergue, 순례자 전용숙소로 돌아오자 '와~!' 하는 탄성이 여기저기서 터져 나온다. 무슨 일인지 고개를 들어 보니 쌍무지개가 아름답게 하늘을 수놓는다. 반원형의 하늘 문이 활짝 열렸다. 하느님께서 우리의 카미노 출발을 축복해 주시는 듯, 신의 후광halo을 일곱 빛깔 화려한 색상으로 변화시켜 지상에 흩뿌려 놓았다. 저녁 메뉴는 아줌마 부대의 저력이 살아나는 순간이었다. 야채샐러드, 과일을 곁들인 카레라이스는 양이 너무 많아 포만감을 불러일으킨다. 풍성한 저녁식탁에 인심이 절로 났다. 순례 첫날 마냥 즐거워하는 아줌마들, 내일도 과연 저런 표정을 지을 수 있을까?

레온 시가지

돈 키호테의 모티브가 되었던 결투현장을 건너다

9. 18 목, 흐렸다 맑았다 비가 오락가락

비르헨 델 카미노Virgen del Camino - 4.5㎞ – 발베르데 데 라 비르헨Valverde de la Virgen - 1.5㎞ – 산 미겔 델 카미노San Miguel del Camino - 7.0㎞ – 비야당고스 델 파라모Villadangos del Páramo - 4.5㎞ – 산 마르틴 델 카미노San Martin del Camino - 8.0㎞ – 오스피탈 데 오르비고Hospital de Orbigo(총 25.5㎞)

주변이 온통 캄캄하다. 길조차 제대로 보이지 않는다. 하지만 우리는 가야 한다. 어둠을 헤치고 고속도로 아래의 지하터널을 지나 산티아고를 향해 전진한다. 신부님과 권 선배는 일정한 속도를 유지하면서 앞서 가고 있다. 향이 씨가 튼튼한 육체를 자랑하듯 다른 아줌마들을 챙기느라 앞뒤로 왔다 갔다 하면서 흥을 낸다. 저러다 탈 날 텐데…. 점차 어둠이 걷혀 간다. 어둠이 사라지고 해가 뜨는 것과 비례하여 향이 · 정희 씨의 발걸음이 더뎌진다. 그녀들은 결국 꼴찌로 뒤처져 카미노Camino, 길와 힘겨운 사투를 벌인다. 원래 길은 없었다. 사람이 걸으면 길이 된다. 숱한 사람들이 걸어 순례길

발베르데 데 라 비르헨 마을 초입 성당 종탑의 황새 둥지

이 되어버린 산티아고 가는 길은 결국 혼자 걸어가야 할 길이다. 일행과 오순도순 얘기하며 걷다 보면 어느 순간 조용해진다. 얘기하기도 귀찮아진다. 그리고 결국 혼자가 된다. 그래서 뒤처지는 사람은 뒤처지는 대로 놔두고 최종 목적지에서 합류하도록 해야 한다. 혼자라는 사실! 묵상도 할 수 있고 좋은 시간이 될 터이지만 그녀들은 가톨릭 신자가 아니니 묵상하는 법도 모르지 않겠는가. 결국은 아내와 내가 앞쪽과 뒤쪽의 순례자 사이에서 적당히 보조를 맞춰나가야 한다. 하지만 내 코가 석자다. 오른쪽 발바닥이 아파오기 시작했다. 저절로 절뚝거리게 된다. 그런데도 내색을 하지 못했

다. 그들을 책임져야 했기에.

산 미겔 델 카미노San Miguel del Camino 마을. 한 노인이 인도에 좌판을 펼쳐놓고 순례자를 기다린다. 그는 직접 경작한 과일들을 나눠주며 순례자들의 크레덴시알Credencial, 순례자 여권에 세요Sello, 도장를 찍어준다. 우리 일행들은 너나 할 것 없이 모두 크레덴시알에 세요를 받았다. 노인은 덤으로 과일까지 집어준다. 입안을 가득 메운 과즙의 여운이 채 가시기도 전에 마을 끝에 바bar가 나타났다. 신부님께서 바에 앉아 우리를 기다린다. 모두 바bar로 직행하여 각자 좋아하는 음료수를 주문한다. 다들 에스파냐어를 알지 못해 머뭇거린다. 어쩔 수 없이 총대를 메고 카페 콘 레체Café con leche, 우유를 탄 커피를 3잔 시키고 에스프레소Espresso와 콜라도 주문했다. 그런데 밖에 있던 일행에게 커피 3잔을 가져다주고 다시 카운터로 돌아오니 내 뒤에서 순서를 기다리던 사람들이 이미 자리를 점해버렸다. 그리고는 한 번 카운터를 떠났으니 다시 주문하려면 맨 뒤에서 순서를 기다리라는 것이다. 9월 중순을 넘어섰는데도 순례자들이 이처럼 많으니 어쩔 수 없는 일이다. 일행 중 누군가 한두 명이 내 곁에서 기다리다가 커피를 가져갔더라면 이런 일이 발생하지 않았을 텐데…. 그냥 배낭을 내려놓고, 신발을 벗고, 철퍼덕 주저앉아 피곤한 몸을 가누기에 바빴으니 어찌하랴. 커피는 나눠 마시고, 미리 준비한 과일과 빵으로 식사를 대신하며 피곤한 몸을 달랠 수밖에.

길을 걷는 동안 신비로운 기운이 나와 함께한다. 하느님과의 동행을 느낀 것일까? 걷고 또 걸어도 마음속에서 다시 걷고 싶은 감정이 솟구친다. 마음의 부르심이 없었던들 두 번이나 이 길을 걷겠는가. 지난해 카미노camino, 길를 걸으며 이처럼 힘든 고생을 다시 반복하지 않겠노라고 결심했었다. 그러나 막상 뒤돌아서는 순간 마음은 다시 길 위에 있었다. 카미노에서 느끼는 신의 신비가 아니고 무엇이겠는가.

카미노를 걷고 있는 우리는 어느덧 고요 속으로 들어가고 있다. 힘이 들 때는 저절로 침묵이 찾아온다. 힘이 남아 있으면 상념으로 머릿속이 혼잡하다가, 그 상념의 끝에 도달할 때쯤이면 탈진 상태

순례길 좌우의 와인저장고

에 가까워진다. 백지장처럼 하얀 고요와 침묵만이 남는다. 그때 침묵을 깬 사람이 있었다. 양연희 세실리아다. 신약 성경의 12사도 중 야고보가 두 명이나 등장하는데 우리가 찾아가는 야고보의 무덤은 누구의 무덤이냐는 것이었다.

> "열두 사도의 이름은 이러하다. 베드로라고 하는 시몬을 비롯하여 그의 동생 안드레아, 제베대오의 아들 야고보와 그의 동생 요한, 필립보와 바르톨로메오, 토마스와 세리 마태오, 알패오의 아들 야고보와 타대오, 열혈당원 시몬, 그리고 예수님을 팔아넘긴 유다 이스카리옷이다." (마태 10, 2-4)

예수의 열두 사도 가운데 성 야고보St. James는 두 명이다. 제베대오의 아들 야고보와 알패오의 아들 야고보가 등장하기 때문이다. 카미노 데 산티아고산티아고 가는 길의 주인공은 제베대오의 아들 야고보를 가리킨다. 제베대오의 아들 야고보는 알패오의 아들 야고보보다 먼저 사도로 부름을 받았고 나이도 많았기 때문에 대major야고보라 부른다. 당연히 알패오의 아들 야고보는 소minor야고보로 불린다. 다시 말하자면 순례길의 여정을 탄생시킨 성인은 제베대오의 아들이자 요한의 형인 대大야고보이다. 영어의 야고보는 제임스St. James이다. 하지만 에스파냐어로는 이아고Iago다. 성聖 야고보는 성스러움을 의미하는 산토Santo와 야고보의 에스파냐식 이름인 이아고 Iago가 합쳐져 산티아고 Santiago가 되었다. 산티아고는 야고보 성인의 이름이자 도시의 이름으로도 쓰인다.

이미 신부님과 권 선배는 시야에서 사라진 지 오래다. 꾸준히 보행 속도를 유지하고 있기 때문이다. 나머지 일행들은 끊길 줄 모르는 고난 행군에 파김치가 되어간다. 기독교가 고통을 통하여 부활한다지만 이쯤에서 고통이 멈췄으면 좋겠다. 그러한 바람도 아랑곳하지 않고 카미노는 굽이굽이 이어진다. 여성 순례자들이 평원의 길바닥에 쓰러지기 일보 직전, 오후의 뜨거운 태양 속에 한 남자가 자전거를 타고 우리를 향해 다가온다. 알베르게에 먼저 도착한 권 선배가 자전거를 빌려 타고 마중 나온 것이다. 뒤에 처진 향이 씨 등 세 명의 배낭을 먼저 자전거에 싣고 가도록 했다. 두 번째 되돌아 왔을 때도 나머지 세 명의 배낭을 자전거에 실었다. 내 배낭과 아내 배낭도 싣고 싶었다. 하지만 어찌하랴? 우리 부부는 두 번째 순례길이고 나머지 여성들은 우리를 믿고 따라왔는데. 결국 신부님과 우리 부부만 배낭이라 불리는 고난의

자전거를 타고 마중 나온 권영익 선배

돈 키호테의 모티브가 된 오르비고 다리

십자가를 끝까지 지고 간 셈이 되었다.

천신만고 끝에 오스피탈 데 오르비고Hospital de Orbigo에 들어선다. 최초 로마시대에 건축되어 그 후 보강된 멋진 다리가 오르비고 강을 가로지른다. 중세 때 진정한 기사를 가리기 위한 결투가 무려 한 달1434년 야고보 성인의 축일인 7월 25일을 기준으로 ±15일 동안 지속되었던 명예의 다리다. 레온의 기사 수에로 데 끼뇨네스Suero de Quiñones가 한 여인에 대한 사랑을 증명하고자 그의 추종자 9명과 더불어 유럽의 기사들에게 도전장을 보냈던 것이다. 진정한 기사를 가리기 위해 다리 위에서 펼쳐진 결투는 300개의 창이 부러지는 결과를 낳았다. 불행히도 카탈루냐의 한 기사는 실수로 창에 눈이 찔려 죽는 사고를 당하기도 하였다. 결투가 끝난 뒤 전체 기사들은 산티아고로 순례를 떠났다. 사랑을 증명하고자 무모한 결투를 벌였던 그 기사는 여인으로부터 받은 팔찌를 야고보 산티아고 성인에게 바쳤다.

이 결투는 세르반테스 1547~1616년의 소설 '돈 키호테 Don Quijote'의 모티브가 된다. 소설 속 돈 키호테는 창을 들고 오르비고 다리를 질주하듯 말을 몰아 풍차로 돌진했던 것이다. 우리가 흔히 돈 키호테라 부르는 이 소설의 원래 제목은 '라 만차 마을의 재치 있는 시골 귀족 돈 키호테 El Ingenioso Hidalgo Don Quijote de la Mancha'이다. 우리는 이상과 현실 사이에서 끊임없이 투쟁하고 있다. 꿈꾸는 세상이 현실과는 너무도 다르기에 늘 망가지고 상처를 입지만 그래도 꿈을 실현하려는 의지는 누구도 꺾을 수 없다. 자신의 의지가 실현되지 않더라도 죽는 순간까지 결코 좌절하거나 실망하지 않았던 돈 키호테의 정신이 나의 정신을 두들겨 깨우고 있다.

다리 양쪽에서 서로 마주 보고 말을 몰아 미친 듯이 달려오던 기사들의 결투를 상상하며 오르비고 다리를 건넌다. 겨우겨우 알베르게 순례자 숙소에 도착했는데 벌써 만원이다. 권 선배가 미리 와 예약을 하지 않았더라면 잠잘 곳도 없었으리라. 비좁은 곳에 낮은 이층 침대가 수십 개 놓여 있다. 샤워와 빨래를 해야 하는데 비좁은 샤워장은 고작 남녀 1개씩이다. 다들 기진맥진하여 손빨래는 엄두도 내지 못하고 세탁기와 건조기의 도움을 받아야 했다. 땀에 젖어 눅눅해진 옷을 벗어버리고 끈적이는 신체를 샤워장의 가냘픈 물줄기 속으로 밀어 넣는다. 움직이면 손발이 벽에 닿는 열악한 샤워박스 안이지만 그래도 몸을 타고 흘러내리는 물줄기가 그렇게 고마울 수가 없다.

신부님과 함께 성당을 찾아갔다. 저녁시간이라 성당의 문은 굳게 닫혀 있다. 할 수 없이 되돌아가려다 약국으로 발길을 돌린다. 우리 일행 중 어느 누군가는 벌써 발바닥에 물집이 잡혔을 것이 뻔했기 때문이다. 향이 씨가 첫 번째 대상자다. 신부님께서 발바닥에 붙이는 특수 고무 밴드와 에어 파스 등 무려 60유로어치의 치료물품을 샀다. 일행을 배려한 세심한 처사다. 성당이 문을 열지 않았으니 어쩔 수 없다. 신부님과 이은미 데레사, 양연희 세실리아, 우리 부부는 알베르게 밖의 호젓한 탁상에 앉았다. 신부님께서 식탁 위에 흰색의 깨끗한 비닐을 펼쳐 소박한 제대祭臺를 만들었다. 와인을 담은 성작聖爵과 빵을 올려놓은 성반聖盤이 제대 위에 놓여졌다. 장중한 성당

알베르게 밖 탁자에서의 미사

이 부럽지 않을 정도로 훌륭한 야외의 임시 교회에서 드디어 미사가 시작됐다. 미사는 엄숙하고도 자유롭게 진행되었다. 강론이 끝나고 각자 자유롭게 순례길에서 느낀 점을 이야기했다. 연희 세실리아는 그동안 남편에 대해 당연스러운 존재로 항상 곁에 있다고 생각했는데 카미노를 걸으며 남편의 존재감이 소중하다는 것을 느꼈단다. 은미 데레사는 고통과 더불어 걷는 길은 철저히 혼자였다며 우리의 인생도 누가 대신해 줄 수 없는 자신만의 길이라는 데 이론이 없다고 했다. 아내는 걷는 동안 다른 사람 신경을 쓰느라 발에 고통이 엄습하는지도 몰랐다며 일행을 데리고 온 책임감을 피력했다. 신부님께서는 5세 때까지의 일들을 묵상하며 걸었다고 한다. 또한 걷는 내내 말뚝과 말뚝 사이를 보폭으로 측정해 보니 총 65걸음이었다면서, 한 걸음이 1m가 되지 않으니 대략 말뚝 사이의 거리가 50m쯤 되는 것 같다며, 말뚝을 세면서 거리를 측정해 보는 우스운 일도 해보면서 고통을 즐겼단다. 피할 수 없거든 즐기라는 말이 실감난다.

향이 씨는 우리 순례단의 막내다. 그래서 항상 부지런하게 일을 처리한다. 그러다 보니 제일 먼저 아플 가능성이 높았다. 최초 향이 씨는 자신의 몸 상태를 최고로 평가한 듯 그까짓 하루 20㎞쯤 걷는 일은 별것 아니라는 생각을 가졌다고 한다. 그런데 우리 일행 중 첫 번째로 발바닥에 물집이 생겼고 제일 꼴찌로 걸었다. 물론 정희 씨와 공동 꼴찌지만 말이다. 이날 밤 향이 씨는 내게 말했다.

교만의 대가를 톡톡히 치루었다고. 이제 인생에 이를 반영하여 교만에 빠지지 않도록 노력하겠다는 것이다. 뭔가 하나씩 깨달아 가는 그녀들이 아름답다. 원래 카미노는 나 자신을 찾아가는 그런 곳이 아닌가.

문제는 향이 씨가 아니라 나였다. 9명과 함께 일사불란하게 순례길을 걸으려니 모든 사람에 대해 신경을 써야 했다. 그래서인지 이틀 동안 거의 잠을 자지 못했다. 불면의 후유증은 두통으로 찾아왔다. 진통제로 두통은 완화시킬 수 있었으나 지친 몸은 어찌할 도리가 없었다. 그런데 오늘 또 다른 걱정거리가 잠을 설치게 만든다. 첫 번째는 50대의 여성 순례자들이 하루에 20~30㎞의 거리를 소화하기 힘들다는 것이다. 두 번째는 금년엔 유독 순례자들이 많아 알베르게순례자 숙소 잡기가 거의 전쟁 수준이라는 사실이다. 나는 권 선배와 심야 원탁회의를 개최한다. 결론은 걷는 거리를 조금씩 줄인 다음 일정 구간을 버스로 건너뛰어야 한다는 것이었다. 그래야 일정 내에 순례를 마칠 수 있기 때문이다. 또 하나는 10개의 침대를 동시에 확보해야 하기 때문에 매번 권 선배가 먼저 출발하여 당일 여정의 종착지에 일찍 도착한 뒤 10개의 침대를 확보하자는 전략을 세웠다. 권 선배와 결론을 내고 나니 슬슬 눈꺼풀이 무거워진다.

산 마르틴 델 카미노 마을 입구

이 잔을 저에게서 거두어 주십시오

9. 19 금, 비 온 후 맑아짐

오스피탈 데 오르비고Hospital de Orbigo - 13km – 산 후스토 데 라 베가 San Justo de la Vega - 3.5km – 아스토르가Astorga(총 16.5km)

새벽부터 분주하다. 어제의 상태를 감안한다면 오늘 많은 거리를 걷는다는 것은 무리다. 또한 무거운 배낭도 두통거리가 될 것이 뻔했다. 결단이 요구되는 순간이었다. 나는 여성 순례자들의 배낭을 오늘 밤 묵게 될 순례자 숙소로 보내기로 결정했다. 순례길에는 하루 여정의 종착지까지 배낭을 차에 실어 보내는 택배 시스템이 잘 갖추어져 있기 때문이다. 향이 씨도 나에게 배낭을 메지 않고 홀가분하게 걸었으면 좋겠다며 오늘밤 묵게 될 알베르게로 배낭을 보내자고 제안했다. 발바닥의 물집이 아프긴 아팠나 보다. 택배 봉투에 오늘 여정의 종착지인 아스토르가의 공립 알베르게 이름을 적었다. 그리고 봉투 안에 6유로를 넣은 다음 옷핀으로 배낭에 부착했다. 배낭 한 개당 배달료가 6유로였기 때문이다. 배낭은 5개만 보내기로 했다. 두 사람이 한 개 조로 하여, 무거운 물건을 최대한 많이 넣은 배낭을 보내고, 가벼운 배낭을 두 사람이 교대로 메고 가도록 했다. 비가 올 가능성에 대비하여 판초우의, 추울 때 입을 수 있는 약간의 옷, 간식으로 먹을 소량의 음식을 가져가야 했으니 2인 1조로 배낭 한 개씩을 메고 가도록 한 것은 당연한 일이었다. 오늘 여정의 종착지인 아스토르가Astorga는 여기에서 15㎞ 남짓, 발바닥에 물집이 잡혔어도 걷기에 별 무리가 없는 가까운 거리다.

진경 씨가 어젯밤 잠자리에서 내가 끙끙 앓는 소리를 냈다며 괜찮은지 묻는다. 하기야 내가 아프면 나머지 사람들은 어찌하라고…. 아파도 아플 수가 없지 않은가. 다시 고난을 통하여 순례길을 따라 나선다. 오른쪽 발바닥뼈가 아파오기 시작하지만 걸을 만하다. 그래도 물집이 잡히지 않았으니 얼마나 다행인가. 그젯밤 정희 씨의 스틱 한 개가 고장 났다. 그래서 내 스틱 한 개를 그녀에게 줘버렸다. 몸의 우측 절반을 하나뿐인 스틱에 의지한다. 오른발의 통증이 절반으로 줄어든다. 해가 쨍쨍 내리쬐었다면 힘들었을 길이다. 하지만 오전부터 비가 내리기 시작한다. 2인 1조로 판초우의 등을 넣어 1개씩 배낭을 짊어지도록 했던 나의 판단이 빛을 발하는 순간이다. 비가 내리는 동안 판초우의는 우리 몸의 일부분이 되었다. 비를 맞지 않아 다행이다.

산티바녜스 데 발데이글레시아스Santibañez de Valdeiglesias로 가기 위해 오른쪽으로 길을 돌아가야 하는데 진경 · 연희 · 미숙 씨는 그냥 곧바로 직진한다. 소리 질러 되돌아오도록 했지만 그보다 먼저 그 지점을 통과한 신부님과 권 선배가 어느 길로 접어들었는지 알 수 없다. 내가 가려는 길은 키 작은 나무숲과 그 나무숲의 야트막한 정상에 허수아비가 순례자를 반기는 한적한 시골길이었다. 옥수수가 무르익는 들판 한쪽에는 간이 휴게소도 있다. 신부님과 권 선배는 아마도 약간 먼 우회로보다는 빠른 길로 갔겠지? 생각이 여기에 이르자 다시 그냥 직진하라고 소리를 질렀다. 어쩔 수 없지 않은가! 그 뒤 우리 순례단은 팍팍한 무릎을 달래며 아스팔트길을 다시 걸을 수밖에 다른 선택이 없었다. 마을이라고는 전혀 보이지 않아 판초우의를 입은 채로 가랑비 속에서 길바닥에 주저앉아 미리 준비한 과일로 허기를 달랬다. 나중에 안 일이지만 권 선배는 무려 4번이나 이 길을 걸었는데도 낭만적인 우회로를 전혀 몰랐다는 것이다. 물론 허수아비도 보지 못했단다.

길가에 분홍색 꽃이 즐비하다. 잎과 줄기는 없고 꽃만 땅바닥에 바싹 달라붙어 피어난다. 마치 상사화의 일종인 양. 토리비오 주교의 억울함을 달래주는 듯 아름답기 그

토리비오 십자가 주위의 분홍색 꽃

토리비오 십자가

지없다. 토리비오의 십자가가 우리를 맞이한다. 행여 이곳에서 신부님이 우리를 반겨주기를 은근히 기대했다. 하지만 신부님은 그림자도 남기지 않은 채 아스토르가Astorga로 직행해 버렸다. 5세기경 아스토르가의 대주교 토리비오가 누명을 쓰고 이 언덕에 올랐다. 그는 아스토르가의 것이라면 먼지조차도 가져가지 않겠다며 온몸의 먼지를 털었다. 먼지를 털어낸 그는 뒤도 돌아보지 않고 곧장 다른 곳으로 직행해 버렸다. 훗날 그의 누명이 벗겨졌지만 그는 결코 아스토르가로 돌아오지 않았다. 사람들은 그가 먼지를 털었던 이곳에 십자가를 세우고 토리비오의 십자가라는 이름을 붙였다

하는데, 토리비오 주교는 간 데 없고 하릴없는 순례자들만 이곳을 찾고 있다. 토리비오 십자가를 통과하자 내리막길 옆의 포도나무가 송알송알 맺힌 열매를 흔들어댄다. 적포도와 청포도가 각자의 풍성함을 드러내며 순례자들을 유혹한다. 그뿐이 아니다. 포도 알갱이가 무성한 나뭇가지 뒤로 모습을 드러낸 와인저장고는 환상적인 풍요의 눈요깃거리를 제공한다. 와인을 시음하고픈 마음이 저절로 생겨난다.

포도주wine는 약 7천 년 전부터 인류가 스스로 제조해 마신 것으로 알려졌다. 서기 2세기경 로마인들의 주식이 죽에서 빵으로 바뀌면서 목마름을 극복하기 위해 와인 수요가 폭발적으로 증가했는데 1인당 일일 평균 0.5리터의 와인을 소비할 정도였다. 당시 와인은 반드시 물을 타 희석시켜 마셔야 했고 귀족일수록 물을 많이 타서 마셨다고 하니 순수 와인만 마셨다면 그 소비량은 엄청났을 것이다. 그러니 로마제국의 일부였던 스페인에스파냐의 와인산업은 번창할 수밖에 없는 시대적 상황을 지녔다. 그러나 스페인의 와인산업이 획기적으로 발달한 계기는 영국과 프랑스 사이의 100년 전쟁이었다. 영국이 프랑스에서 수입해 오던 와인을 스페인산으로 바꿔버렸기 때문이다. 대체적으로 프랑스산 와인은 맑은 레드red인 반면, 스페인산은 강렬한 햇볕 탓에 진한 레드red가 주류를 이루는 것으로 알려졌다. 종교적으로 본다면 스페인의 진한 핏빛 와인이 예

포도밭의 와인저장고

수의 피를 상징하는 데 더 가깝지 않을까? 예수의 피! 그 슬픔과 아픔을 표현하듯 토리비오 십자가 아래의 와인저장고에 가랑비가 흩날린다.

아스토르가 시가지로 들어가려면 가파른 언덕길을 따라 오른쪽으로 급격히 방향을 틀어야 한다. 공립 알베르게Albergue, 순례자 숙소가 바로 코앞인데 골고타 언덕처럼 가파른 경사로가 우리를 가로막아서다니…. 경사진 언덕길도 속도의 중압감을 경감시키지 못한다. 단숨에 언덕에 올라 알베르게에 짐을 푸는 여유로움은 무엇과도 바꿀 수 없는 소중한 시간이다. 그런데 우리의 꼴찌 선수 정이 · 향이 씨는 영화 속의 한 장면처럼 바람과 함께 사라져 버렸다Gone with the wind. 나는 권 선배와 함께 알베르게를 빠져나와 두 여인을 찾고자 군중들의 혼잡함 속으로 걸어 들어갔다. 그런데 그녀들이 반대편 길에서 어기적거리며 걸어오고 있지 않은가! 한 노인의 과잉친절이 아스토르가 시내로 진입하는 골고타 언덕길을 우회토록 유도한 것이었다.

예수께서는 겟세마니 동산에서 기도하셨다. "아버지! 아버지께서는 무엇이든 하실 수 있으시니, 이 잔을 저에게서 거두어 주십시오. 그러나 제가 원하는 것을 하지 마시고 아버지께서 원하시는 것을 하십시오." (마르 14, 36)

예수께서도 십자가에 못 박히는 고통을 피하고 싶었다. 하지만 아버지께서 원하시는 것을 그대로 따랐다. 인간의 죄를 대신 속죄하기 위해 십자가를 짊어지고 골고타 언덕을 오른 것이다. 가파른 언덕길에 선 그녀들도 이 언덕을 그녀들에게서 거두어 주기를 원했을 것이다. 그러던 참에 한 노인이 우회하도록 충고하자 언덕길을 오르지 않아도 된다는 기대감에 언덕길을 오르지 않았던 것이다. 하지만 그것은 진정 알베르게로 가는 길이 아니라 손쉬움을 추구하는 길이었기에, 그녀들은 아스토르가 외곽길을 돌아 도시의 반대편에서 거꾸로 걸어와야 하는 이중의 고통을 맛본 것이다. 이날의 소동은 전체 카미노 여정 중에서 모두에게 걱정을 안겨준 가장 큰 사건이었다. 그녀들은 '이 잔을 저에게서 거두어 주십시오'라는 말만 알기 원했을 뿐 '그러나 제가 원하는 것을 하지 마시고 아버지께서 원하시는 것을 하십시오'라는 의미는 알지 못했던 것이 아닐까?

언제 비가 내렸던가. 쨍쨍 울릴 정도로 작열하는 햇살이 아스토르가의 산타마리아 대성당 위로 쏟아진다. 산타마리아 대성당 곁에는 가우디가 설계했다는 주교궁이 투박한 화강암을 두부처럼 쌓아놓은 듯 장엄한 위용을 자랑한다. 하지만 검은색과 붉은색 돌들

왼쪽이 아스토르가 대성당이고, 오른쪽은 가우디가 설계한 주교궁(현재 카미노 박물관)이다.

의 조화가 아름다운 산타마리아 대성당이 더 가슴에 와 닿는다. 우리가 대성당에 들어섰을 때 지역 유력자의 장례미사가 거행되고 있었다. 우리는 카미노순례길를 온전히 마치지 못하고 길가의 추모비로 남아 있는 먼저 가신 분들의 명복을 비는 숙연한 기도를 드렸다. 더 앞으로 나아가지 못하고 멈춰버린 그들의 몫까지 우리는 걷게 되리라. 성 야고보산티아고의 맑은 영혼이 그들과 함께 천국에 머물고 있을 것이다.

하느님의 성전이 지닌 아름다움에 정신을 잃고 마치 신을 바라보기라도 하는 양 한참을 고개 들어 천장을 바라볼 뿐이다. 그러다 문득 내부의 시설물에 많은 궁금증이 발동한다. 신부님께서는 우리 순례단원들을 이끌고 이곳저곳을 돌아다니며 설명이 한창이다. 다음은 신부님의 설명을 종합한 내용이다.

대성당 내부에는 주 제단 외에도 양쪽 벽에 소 제대가 즐비하다. 소 제대별로 하나씩의 작은 성당Capilla이 자리 잡고 있다. 일반적으로 주교님이 계시는 주교좌성당은 카테드랄Cathedral이라 부르고, 통상적으로 미사를 드리는 보통 성당은 이글레시아Iglesia라고 한다. 이러한 성당 내부에 독립적인 조그마한 성당들은 각각 카피야Capilla라고 부른다. 카피야는 대성당을 건축할 때 기부를 많이 한 귀족들이 자신만의 기도를 하거나 미사를 볼 수 있도록 성당 내부 한켠에 만든 조그만 성당이다. 또한 중세에는 사제마다 각기 미사를 드려야 했기 때문에 이러한 소성당카피야을 이용하는 경우가 많았다. 귀족들은 자신의 개인 미사를 볼 수 있으니 좋았고, 사제로서도 한 번씩 드려야 하는 미사를 집전할 수 있어서 좋았을 것이다. 당시 사제의 수는 엄청 많았으니 어쩌면 미사를 드릴 장소가 부족했을 가능성이 높았기 때문이다. 카피야성당 내부의 소성당의 제대는 마치 신의 창조물처럼 아름다운 조각과 장식으로 치장되어 있다. 중세의 신도들은 못 먹고 못 입었을지라도 신에게 바치는 것만큼은 가장 아름답게, 가장 섬세하게, 가장 경건하게 만들었다. 물질이 풍요로운 지금은 중세의 정교한 기술도 없을 뿐더러 그러한 마음가짐도 가지고 있지 않아 아쉽다.

다른 곳도 마찬가지이지만 이곳 성당의 제대祭臺도 대부분 벽에 붙어 있다. 원래 사제들은 벽에 붙은 제단 앞에 서서 신도들을 뒤로 한 채, 벽을 바라보며 라틴어로마문자로 미사를 진행해 왔다. 그러나 1962년 제2차 바티칸 공의회 이후부터는 각 나라별 사제들이 자국 언어로 신도들을 바라보며 미사를 드리게 된다. 물론 제대도 벽에서 분리되어 사제와 신도 사이에 놓이게 되었다. 결과적으로 벽에 붙은 제대는 모두 1962년 이전에 설치된 것이라 할 수 있다. 그런데 조그만 사각형의 대리석이 제대의 평면을 메운 모습이 인상적이다. 중세에는 성인의 유골 일부를 제대에 넣고 그 위를 봉합한 사례가 많았다는 점이 흥미롭다. 이곳 제대 속에도 성인의 유골이 들어 있으리니…. 신부님은 제대에 이마를 대고 눈을 감는다. 잠시 정적이 흐른다.

성당 내부의 소성당인 카피야로서 미사를 드리는 제대가 벽에 붙어 있다. 제대 중앙에 성인의 유해 일부를 모신 것으로 보이는 조그만 사각형의 대리석이 보인다.

주 제대 앞에 귀족들이 앉는 것처럼 보이는 의자가 층층이 배열되어 있고, 그 중앙에 아주 커다란 글씨로 노래가사가 적혀 있는 책이 보인다. 수사들이 손으로 직접 작성한 성가집이다. 이곳에 둘러앉은 사람들은 그레고리안 성가Gregorian chant를 불러 미사를 경건하게 했다고 한다. 층층이 배열된 의자에 앉아 노래를 불렀다 하여 층계송이라고도 부른다는데 우리는 언제 그레고리안 성가를 들을 수 있을지 기대감만 잔뜩 부풀어 갔다.

신부님은 이 정도만 하고 밖으로 나가자며 성당 내부의 설명을 마쳤다. 궁금증의 실타래가 풀려서인지 마음이 후련하다. 우리는

광장의 노천 바

아스토르가 시청 앞 광장의 바bar에 모여 앉아 순례자 메뉴로 저녁 식사를 한다. 순례자 메뉴Menu del Peregrino 또는 오늘의 메뉴Menu del Dia는 대체적으로 세 가지 코스로 구성되어 푸짐하다. 첫째는 샐러드나 스파게티, 두 번째는 주 요리인 돼지고기나 닭고기 등으로 구성되며, 마지막으로 와인이나 주스 등이 제공된다. 값은 1인당 9유로나 10유로 정도로 저렴하다. 순례자 메뉴로 저녁을 하려는데 갑자기 광장에 비가 쏟아진다. 머리에 떨어지는 비는 우리를 바bar 내부로 들어가도록 강요한다. 그날 밤 우리는 노천 바의 사치스러운 낭만을 포기하고 실내의 어둠침침한 식탁에서 식사를 해야만 했다.

도둑은 다 한국 사람인가?

9. 20 토, 안개가 잔뜩 낀 후 맑은 날씨가 지속돼

아스토르가Astorga - 4.5㎞ – 무리아스 데 레치발도Murias de Rechivaldo - 8.0㎞ – 산타 카탈리나 데 소모사Santa Catalina de Somoza - 4.0㎞ – 엘 간소El Ganso - 7.0㎞ – 라바날 델 카미노Rabanal del Camino (총 23.5㎞)

성채도시 아스토르가의 아침은 분주한 서두름에서 시작된다. 새벽 5시부터 배낭을 꾸리느라 부스럭거리는 소리가 여기저기서 들려온다. 대체로 우리는 6시에 기상하여 배낭을 싸고 아침식사를 간단히 한 뒤 7시경에 도로로 나섰다. 그런데 이곳은 5시부터 소란스러워 아침잠을 잘 수가 없다. 어쩔 수 없이 그들의 분주함에 합류한다. 덜 깬 눈을 비비며 식사 대용으로 커피를 한 잔 기울이는데, 권 선배가 환자가 생겼다며 걱정스러운 표정을 짓는다. 진경 씨가 배낭을 한 손으로 들어 올리다 그만 허리를 삐끗했다는 것이다. 그 날 진경 씨의 배낭은 고스란히 은미 씨가 떠안았다.

아직도 어둑어둑한 기운이 가시지 않았다. 도로변 발데비에하스

무리아스 마을의 바

Valdeviejas 마을 성당에 불이 켜져 있다. 순례자들이 하나둘 길을 건너 구경한다. 성당 문 옆 기둥에는 세계 각국의 언어로 '신앙은 건강의 샘'이라는 글귀가 쓰여 있다. 모든 근심걱정을 신께 의탁하는 신앙은 결과적으로 스트레스를 해소시켜 건강의 원천으로 작용할 것이라는 생각에 이른다. 안개 자욱한 무리아스 데 레치발도Murias de Rechivaldo 마을 입구를 지난다. 시원한 아침 공기는 정신을 맑게 하지만 텁텁한 입맛은 결코 가시지 않는다. 텁텁해진 입안을 청소도 할 겸 말끔하게 단장된 순례길 한쪽의 바bar로 다가선다. 많은 순례자들이 커피를 마신다. 지난해 이곳에서 독일 청년 줄리앙이 우리 부부에게 장난을 쳤던 곳이다. 서양인답지 않게 정을 듬뿍 지닌 그의 순진한 미소가 자꾸만 떠오른다.

차도와 농로가 서로 뒤질세라 순례길을 따라 곧게 펼쳐진다. 세 갈래 길이 나란히 일직선으로 뻗어 있는 모습은 또 다른 볼거리다.

차도와 농로 사이의 순례길

저 멀리서 손짓하는 산맥을 제외한다면 넓디넓은 메세타 평원 길을 터벅터벅 걷는 것과 다를 바 없으리라. 나그네의 뒷덜미로 쏟아지는 햇살이 예사롭지 않다. 겉옷을 벗어 배낭에 얹는다. 따르릉거리는 자전거의 경적소리가 요란하다. 힘들게 걷던 순례자들이 양쪽으로 비켜서서 길을 열어준다. 바로 곁에 아스팔트길이 있는데도 좁은 순례길을 비집고 가길 고집하는 자전거 순례자들의 오만에 이맛살이 찌푸려진다. 모든 순례자들이 자전거 뒤에 대고 한마디씩 내뱉는다. '이 순례길이 보행자 우선이 아니라 자전거 우선인 것 같다'라고. 제발 자전거 순례자들은 넓은 길이나 차도로 다녔으면 좋겠다.

안개 자욱한 산타 카탈리나 데 소모사Santa Catalina de Somoza 마을 입구에 다다르자 뒤에서 한 순례자가 종종걸음으로 내달린다. 미국에 살고 있다는 40대가량의 한국인 교포 여성이다. 산티아고를 향해 가는 사람들 사이에는 묵시적인 규칙이 하나 있다. 낯선 이들을 만나면 절대 외면하지 않고 반갑게 맞이한다는 것이다. 그래서 대부분의 순례자들은 국적과 나이가 다르고, 성性이 다른데도 만남과 대화에 호의적이다. 그런데 이 교포는 예외다. 한국 순례자들을 의도적으로 피하고 말도 섞으려 하지 않는다. 일부러 말을 걸면 짧게 대답하고는 쌩하니 그 자리를 떠나버린다. 그녀는 열 명에 이르는 우리 순례단을 못마땅하게 여긴다. 지난번 만났을 때 반가운 나머지 인사를 했더니 그 여성은 "한국 사람들이 떼거리로 몰려다니는

산타 카탈리나 데 소모사 마을 입구

것이 좋은 일은 아니죠"라고 말하며 자신은 미국 영주권자란다. 미국 영주권자? 그렇다면 자신은 한국인이 아니라는 얘긴가…??? 씁쓸하다. 우리 일행도 그녀를 보면 기분이 상한다. 그뿐이 아니다. 20대 후반이나 30대 초반쯤 되어 보이는 한 여성도 우리 눈에 자주 띈다. 그녀 역시 한국인이다. 그런데 그녀의 동행자는 오로지 외국 남성이어야만 한다. 외국 남성과는 다정다감하게 이야기를 주고받으며 스킨십도 마다하지 않는다. 그러다가 우리 일행이 다가가면 애써 외면한다, 마치 한국인이 아닌 것처럼. 우리와는 말도 섞지 않는다. 대부분의 순례자들은 단 한 번 본 사람일지라도 다시 만나게 되면 멀리서도 손을 흔들며 달려온다. 그만큼 순례자들은 동질감이 강하다. 다른 나라 사람도 아닌 같은 나라 사람에게 이처럼 행동하는 그녀들은 대체 무슨 생각을 하는 걸까?

이은미 데레사는 어느 호주 할머니와 이야기에 한창이다. 그 할머니는 은미 씨의 바지가 편해서 좋겠다며 부러워한다. 사실 은미 씨는 어제 샤워 후 편한 잠옷바지를 입고 잔 뒤 아침에 등산바지로 갈아입어야 하는데, 귀찮아서 잠옷바지를 입은 채로 그냥 걸었다고 한다. 호주 할머니는 그런 느슨한 바지가 좋았나 보다. 은미 씨는 할머니와의 이야기를 재미있게 풀어나간다. 그 할머니는 평생 산티아고 순례를 하는 것이 소원이었단다. 45일 전쯤 프랑스 생장 피드포르에서 시작하여 지금 여기를 걷는다. 다른 순례자들은 아무리 천천히 걸어도 40일이면 산티아고까지 도착하는데, 할머니는 하루에 10㎞ 남짓 걸으며 카미노를 유람하듯 즐겼던 것이다. '천천히 가되 결코 멈추지 마라. 그러면 언젠가 목적지에 도착하리라.' 그렇듯 할머니는 언젠가 산티아고에 도착하게 될 것이다. 할머니의 아름다운 순례에 감동받은 은미 씨는 "나는 우연찮게 참 잘 왔구나, 남들은 그토록 염원하는데…"라는 생각을 했단다. 그리고 이 길 끝에 가면 좋은 일이 생길 것이라는 기대를 가졌다고 한다.

나도 어제부터 하루의 여정을 끝내면 샤워와 빨래를 한 뒤 다음 날 입을 옷을 미리 입었다. 그리고 그대로 잤다. 아침에 옷을 갈아입어야 하는 부산함을 떨치고 재빨리 출발할 수 있으니 일석이조다. 순례가 끝날 때까지 아주 더운 날을 제외하고는 매번 다음 날 입을 옷을 미리 입고 휴식을 취한 다음 잠을 청하곤 했다. 잠옷으로 가져갔던 반바지와 티셔츠는 쓸모없는 애물단지로 전락해 버렸다. 이 하찮은 잠옷도 순례자에게는 무시 못할 무게로 다가온다. 하지만 너무 아끼던 반바지라 버릴 수도 없다. 이 또한 삶의 무게가 아니겠는가! 그렇다면 삶의 무게를 감당할 수밖에….

우리 부부는 작년 순례길을 그대로 답습하면서 추억에 젖었다. 엘 간소El Ganso의 바도 지난해 우리 부부가 들렀던 곳이다. 마구간 같은 시골 정취의 바bar 곁에 새로운 바도 보인다. 한꺼번에 많은

엘 간소의 바

인원이 들어가자니 길 옆 바bar보다는 조금 안쪽의 바가 적격이다. 노천의자에 앉자마자 모두들 신발과 양말을 벗고 퉁퉁 부르튼 발을 볕에 말린다. 단 몇 분의 휴식도 우리에게 사치스러울 정도의 행복감을 제공한다. 일어서려니 그냥 이대로 주저앉아 단 몇 분이라도 더 쉬었으면 좋겠다는 유혹이 어깨를 끌어당긴다. 그러나 그 유혹에 굴복할 우리가 아니다.

우리의 아줌마 부대는 무거운 배낭을 짊어진 채 자신과의 싸움을 하고 있다. 걷는 것이 너무 힘들어 그냥 집으로 가고 싶다는 불평을 하는 사람도 생겨났다. 나름대로 각자의 생활을 하고 있던 우리들이 24시간을 같이 걷고, 같이 먹고, 같이 자며, 같이 지낸다. 20여 일 동안 잠자리와 식사 등 모든 것을 함께해야 하는 운명공동체! 산티아고라는 목적지는 같지만 저마다 다른 생각으로 이 길을 걷는다.

발의 통증을 느끼면서 걷는 동안 순례길과 사랑에 빠지기는 쉽지 않다. 카미노 주변의 풍광이 아무리 수려해도 빨리 가야 한다는 속도의 중압감에서 벗어나 느긋하게 즐길 만한 마음의 여유가 없다. 걷는다는 것 자체가 고역이다. 그러니 어찌 카미노를 사랑할 수 있겠는가. 그러나 순례가 끝난 뒤 마음에서 샘솟는 감흥은 카미노와의 사랑이다. 그리워지고, 다시 가고 싶어지고, 마음껏 얘기하고 싶어지는 그러한 느낌이 샘솟는 사랑! 나는 카미노와 사랑에 빠졌다.

십자가와 순례자

권 선배는 신神의 존재에 대해 의구심을 갖는다. 그리고 신부님께 "신을 믿어야 하는가?"라는 질문을 한다. 단순한 질문이지만 너무 어려운 답이 요구된다. 신부님은 권 선배가 종교적 지식이 없음을 감안, 복잡한 종교적 설명보다 간단한 세속적 논리로 답변을 대신한다.

"신을 믿지 않고 마음대로 살았는데 사후세계에 갔을 때 신이 없다면 다행이겠지만 만약 신이 존재한다면 어떠하겠는가? 신을 믿고 착하게 살았던 사람은 사후 신이 없다 해도 그의 지상에서의 삶은 분명 가치 있고 보람된 것이었다. 그런데 신이 존재한다면 지상에서 신을 믿고 선행을 행한 데 대한 엄청난 보상을 받을 것이다. 그렇다면 이래 보나 저래 보나 신을 믿는 것이 훨씬 이득이 아닌가."

본격적으로 고도를 높이기 시작할 즈음 라바날 델 카미노Rabanal del Camino 마을이 우리를 맞이한다. 12세기 템플기사단의 본대가 폰페라다 성채를 중심으로 순례자들을 보호하고 있었다. 이곳도 이라고Irago산을 넘어 폰페라다Ponferrada까지 가려는 순례자들을 보호

호젓한 산길

하기 위해 템플기사단의 기사들이 주둔했던 마을이다. 여기서부터 35㎞에 이르는 폰페라다까지의 외딴 산길은 중세에 도적들이 들끓던 곳이었다. 그만큼 산이 깊었다. 강도가 들끓던 곳의 악명이 우리에게 악영향을 끼친 것은 오후의 일이다.

사설 알베르게에 여장을 풀고 한가한 오후를 즐기는데 거만한 에스파냐 할머니가 알베르게 안으로 들어온다. 동전이 담긴 기부쟁반을 들고 침실로 들어와서는 다짜고짜 꼬레아노Coreano, 한국인가 기부쟁반의 돈을 집어갔다며 큰소리친다. 우리를 도둑이란다. 신부님께서도 깜짝 놀라 "노No"를 연발한다. 에스파냐어로 떠드는 소리를 다 이해할 수 없었지만, 나도 "한국인은 도둑이 아니다. 그리고 우리가 가져가지도 않았는데 여기 와서 왜 떠드느냐"고 목소리를 높이자, 영어와 에스파냐어에 능통한 한 중년여성이 나에게는 영어로, 에스파냐 할머니에게는 에스파냐어로 양쪽의 말을 통역해준다. 할머니는 어제 복면을 쓴 한국인이 이곳에서 2㎞쯤 떨어진 산기슭에서 혼자 가던 유럽여인의 지갑을 강탈해 갔고, 또 이곳까지 와서 기부함에 담긴 돈을 집어갔다고 말한다. 그러나 나는 관점이 달랐다. "복면을 하고 있었다는데 어떻게 한국인인 줄 아느냐? 그리고 기부함의 돈이 없어졌다고 말하는데 세어보지도 않은 기부쟁반의 돈이 없어진 줄을 어떻게 알았느냐? 또 하루가 지난 오늘에야 무엇 때문에 나에게 말하느냐?"라며 항의하자 그냥 밖으로 나가버린다. 한마디로 재수 없는 노인네다. 그러더니 10여 분쯤 뒤에 지역경찰이 알베르게로 찾아왔다. 자기들끼리 몇 마디 수군대더니 경찰관은 그냥 가버린다. 막무가내로 '꼬레아노'라고 단정 짓는 그 노인네를 국가 명예훼손으로 고소할까 보다. 너무 기분이 상한다.

오후 알베르게 앞 의자에 하나둘 모여든다. 자동적으로 회의 반 농담 반 대화를 시작한다. 산티아고 순례가 끝나고 마드리드에 돌아갔을 때 하루의 여유를 어떻게 보내느냐는 것이 주요 논지였다. 만약 에스파냐스페인에서 단 하루의 시간이 주어진다면 톨레도를 가라고 했던가. 그만큼 톨레도는 에스파냐의 역사가 집약된 곳이다. 톨레도 관광 수단과 가이드에 대한 논의가 오간다. 우리는 마드리드에서 74㎞ 남짓 떨어져 있는 옛 서고트 왕국의 수도 톨레도Toledo를 관광하기로 최종 결론을 내린다. 그렇다면 톨레도는 어떤 도시일까?

사설 알베르게에서 한가한 오후 한때를 보내다.

5세기경 로마제국이 쇠락해 가자 게르만족이 이베리아 반도로 조금씩 세력을 뻗치기 시작했다. 6세기 중반 게르만족의 일파인 서고트족이 이베리아 반도를 지배하게 되었다. 서기 418년 서고트족은 톨레도를 중심으로 강력한 기독교 왕국을 건설한 데 이어, 579년에는 톨레도Toledo를 공식적인 수도로 삼는다. 톨레도 대주교는 이베리아 반도를 대표하는 가톨릭의 수장이었다. 하지만 왕국은 그리 오래 지속되지 못했다. 서기 711년 북부 아프리카의 모로인들이 서고트 왕국 내의 혼란을 틈타 이베리아 반도에 상륙하기 시작한 것이다. 폭이 14㎞에 불과한 지브롤터 해협을 건넌 모로인들은 쉽게 서고트 왕국을 몰락시켰다. 그 후 800년간 모로인들은 이베리아 반도에서 둥지를 틀고 지낼 수 있었다. 모로Moro인은 '검다'는 뜻으로 피부가 검은 북아프리카의 이슬람교도들을 일컫는다. 이에 앞서 서기 610년 무하마드영어 : 마호메트는 이슬람교를 창시했다. 이슬람 세력인 아랍인들은 모로코와 알제리가 위치한 북아프리카의 모리타니아Mauritania까지 진출하여 포교활동을 전개하였다. 그곳 모리타니아에서 아랍인과 토착 베르베르족 사이에 혼혈 민족이 탄생하였다. 이 혼혈 민족이 바로 모로족이다. 영어로는 무어Moor인이라 부른다. 톨레도는 모로인들이 이베리아 반도를 침략하기 전까지 가톨릭 왕국인 서고트족의 수도였다. 서고트 왕국이 몰락하자 톨레도는 당연히 모로인들의 수중에 떨어졌다. 그 후 1085년 알폰소 6세Alfonso Ⅵ가 톨레도를 수복하고 2년 뒤인 1087년 카스티야 왕국의 수도로 정해지기까지 톨레도는 이슬람 세력하에 있었다. 톨레도는 1561년 펠리페 2세Felipe Ⅱ가 마드리드로 수도를 옮길 때까지 474년 동안 에스파냐의 중심지로서 그 역할을 다해왔다.

원래 이곳 라바날 델 카미노Rabanal del Camino 마을은 라틴어 미사와 그레고리안 성가로 유명한 곳이다. 그레고리안 성가Gregorian chant는 유럽의 수도원에서 시작된 미사 성가였다. 교황 성 그레고리우스 1세Gregorius Ⅰ, 재위 590~604가 구전되어 오던 미사 성가를 집대성하여 정착시켰다. 그래서 그레고리안 성가라 부른다. 원칙적으로 라틴어를 사용하는 그레고리안 성가는 가톨릭의 전례와 연관되어 발전해 왔지만 중세 이후 다성 음악이 출현하면서 쇠퇴하기 시작했다. 이날 밤 우리 일행은 모두 독일 수도원에 소속된 '몬테 이라고 베네딕도 수도원The Benedictine Monastery of Monte Irago'에서 운영하는 산타 마리아 성당또는 성모승천성당의 저녁 기도에 참석했다. 12세기 템플기사단이 건축한 것으로 추정되는 성당에서의 저녁 기도성무일도 Vespera : 사제 · 수도자가 바치는 저녁 기도는 라틴어로 진행되었다. 마치 1962년 제2차 바티칸 공의회 이전의 미사에 참석한 것과 같은 착각에 젖어든다. 라틴어의 운율이 그레고리안 성가처럼 들렸으나 무엇인가 2% 부족한 느낌이다. 신부님께서는 미사가 아니라 순수한 저녁 기도회였다며 라틴어의 내용을 해석해 주신다. 그리고는 "배운 지 오래돼서…"라면서 말끝을 흐린다.

신부님은 수도원이 운영하는 기념품 가게에서 그레고리안 성가 CD를 사서 내게 선물한다. 가격이 만만찮다. 내가 선물해야 하는데 순서가 바뀐 것 같아 미안했다. 수도원의 안마당은 넓고 시원스

산타마리아 성당에서 아내와 함께(오른쪽은 내부 모습)

럽다. 안뜰 사과나무의 붉고 탐스러운 열매는 순례자의 손을 유혹한다. 하지만 손을 내밀어 사과를 딸 수는 없다. 내가 봐서 즐거우면 남도 즐거울 텐데 내 입 한 번 호사시키자고 사과를 딴다는 것은 아니 될 일이다. 신부님과 나는 이곳 수도원의 알베르게를 선택하지 못하고 사설 알베르게로 들어간 것을 아쉬워하며 한참을 거닐었다.

엘 간소 마을 어귀

작은 죄가 쌓이면 큰 죄보다 더 무겁다

9. 21 일, 맑음

라바날 델 카미노Rabanal del Camino - 5.5km – 폰세바돈Foncebadón - 4.5km – 만하린Manjarin - 7.0km – 엘 아세보El Acebo(총 17km)

아직도 어둠이 깊은 새벽, 우리는 출발에 앞서 모두 파이팅을 외쳤다. 전진하는 배가 물살을 가르듯 어둠을 가르고 나아간다. 높은 산을 넘어가야 한다지만 고도를 서서히 높이는 순례길을 따라가다 보니 어느 새 순례자들은 주변 산들과 어깨를 나란히 하고 있다. 해발 1,439m 폰세바돈Foncebadón에 도착한 순례자들! 이번 여행길 최대 고비에 부딪히게 된 것처럼 발걸음이 제대로 떨어지지 않는다. 몸과 마음이 지친 순례자들 앞에 험한 산길이 끝없이 펼쳐져 있기 때문이다. 7명의 아줌마들을 이끌고 폰세바돈에 이르자 발 빠른 신부님께서 이미 도착해 우리를 기다리고 있다. 새벽 공기를 마음껏 음미하며 바bar에서의 커피 한 잔! 이보다 더 좋은 휴식이 있을 리 없다. 상술 탓인지 아니면 순례자를 위한 순수한 봉사의 열

폰세바돈 마을 앞 십자가

정 때문인지 작년과 달리 알베르게와 상점이 새롭게 들어섰다. 버려졌던 폐허의 마을 폰세바돈이 순례자들이 늘어나면서 점차 생기를 찾아간다.

높은 산들이 병풍처럼 둘러쳐진 산맥의 골이 깊다. 이 깊은 골짜기는 천연 요새를 형성하여 이슬람 세력의 침략을 막아내던 아스투리아스의 험준한 산악지형과 흡사하다.

아스투리아스 산악지대는 천연 요새를 형성하여 이베리아 반도 전체가 이슬람 세력의 지배를 받던 시기에도 여전히 기독교가 세력을 떨칠 수 있었다. 용맹하던 모로인무어인들도 이곳만은 쉽사리 넘보지 못할 정도로 산세가 험했다. 서기 722년 서고트 왕국의 후손 펠라요Pelayo 장군은 코바동가 동굴을 근거지로 이슬람 군대와의 전투에서 승리한다. 그리고 아스투리아스 왕국을 세운다. 국토회복운동, 즉 레콩키스타Reconquista, 718~1492년의 전환점이 된 코바동가 전투는 패배를 거듭하던 기독교도들에게 자신감을 불어넣은 중요한 전투였다. 그러나 아스투리아스 왕국은 레콩키스타에서 밀고 밀리는 전투를 거듭하지만 결정적 승리의 계기는 찾아볼 수 없었다. 그 당시 에스파냐인들은 쉽게 단결하지 못했기 때문이었다. 9세기 초 레콩키스타의 성패를 가름하는 획기적 사건이 발생한다.

이베리아 반도에는 예로부터 전해 내려오던 전설이 있었다. 순교자 야고보 성인의 시신이 이베리아 반도 북서부 해안가로 떠내려 왔다는 것이다. 전설보다 앞서 야고보는 에스파냐에서 7년간 복음을 전파한 후 예루살렘으로 되돌아갔었다. 예루살렘에서 복음을 전파하던 야고보는 서기 44년 유대 왕 '헤로데 아그리파'에 의해 처형된다. 야고보는 예수의 열두 제자 중 최초의 순교자가 되었다. 성 야고보의 제자들은 시신을 거둬 배에 싣고 생전에 그가 복음을 전파하던 에스파냐로 향했다. 그런데 세찬 폭풍우가 몰아치기 시작했다. 배가 풍랑에 떠밀려 도착한 곳은 현재의 '산티아고 데 콤포스텔라'와 가까운 갈리시아 지방의 해안가 파드론 곳이었다. 제자들은 이교도의 방해에도 불구하고 근처의 어느 지점에 야고보의

산정을 걸어가는 순례자

시신을 매장했다. 그리고 그 무덤은 사람들의 기억에서 아스라이 사라져 버렸다. 이상이 전설의 주요 내용이었다.

세월이 흘러 서기 813년 어느 날, 은둔 수도자였던 펠라요 Pelayo 는 들판 위에 은은히 빛나는 별빛의 인도를 받아 한 묘지를 기적적으로 발견하게 된다. 그는 테오도미르 Teodomir 주교와 더불어 세 개의 안치된 관을 찾아냈다. 그들은 발견된 유골이 성 야고보와 그의 두 제자의 무덤이라는 결론을 내렸다. 교황 레오 3세도 성 야고보의 유골임을 인정하고 축복을 내렸다. 예로부터 전해오던 전설이 입증된 셈이다. 아스투리아스 왕국의 알폰소 2세는 수도인 오비에도에서 별들의 들판까지 찾아와 소박한 목조성당을 짓고 미사를 드린 뒤, 성 야고보를 이베리아 반도의 수호성인으로 선포했다. 산티아고 대성당을 찾아가는 순례의 기원이 시작된 것이다. 이로써 알폰소 2세가 산티아고의 무덤을 찾아 길을 떠난 최초의 순례자가 되었다. 야고보 성인Santiago의 유해가 발견된 곳을 '별빛의 들판'이라는 의미로 '캄푸스 스텔라campus stellae'라고 부르다가 지금과 같은 '콤포스텔라Compostela'로 변하게 되었다. 지금은 '별빛의 들판에 있는 성 야고보'라는 의미로 산티아고 데 콤포스텔라Santiago de Compostela라 부른다. 산티아고 데 콤포스텔라는 성인의 유골이 있는 별빛의 들판이라는 의미보다는 에스파냐 북서부의 도시 이름으로 굳어져 버렸다. 도시 이름을 줄여서 산티아고라고 부르기도 한다.

성 야고보Santiago의 유골 발견이라 불리는 대사건으로 인해 에스파냐 기독교도들은 획기적인 반전의 계기를 맞이하게 된다. 야고보 성인의 유골을 중심으로 전 기독교도들이 일치단결하였다. 이로 인해 에스파냐인들은 본격적인 레콩키스타Reconquista, 국토회복운동를 준비하게 된 것이다. 이로써 성 야고보의 유골은 중세 에스파냐의 정신적 지주가 되었다.

이곳의 험준한 준령은 아스투리아스를 상상하도록 만들기에 충

이라고 산의 철 십자가

분했다. 하지만 영원히 상상 속에서만 살 수는 없다. 상상의 미로에서 다시 현실 세계로 빠져나온다. 겹겹이 펼쳐진 능선을 따라 우리들은 마침내 '이라고Irago'산에 도착했다. 해발 1,504m의 길 옆에 철 십자가Cruz de Ferro가 하나 서 있다. 세월의 파고를 견뎌낸 십자가는 산티아고 가는 길의 대표적인 상징물이 되었다. 순례자들은 십자가 밑에 염원을 담은 돌과 메모 등을 놓아두고 여행길의 안전을 기도한다. 좌절과 절망을 떨치고 새로운 소망을 찾아가는 카미노를 대변하는 돌멩이들이다. 천 년 가까이 차곡차곡 쌓인 돌무더기가 산을 이루었다. 절망을 내려놓은 만큼 그들의 염원과 희망은 커졌을 것이다. 그들의 고통과 좌절이 희망으로 승화되었기를….

순례자들의 발 아래로 또 다른 폐허가 펼쳐진다. 만하린Manjarin 마을도 완전한 폐허 속의 정적에 묻혀 있다. 하지만 만국기가 펄럭이는 길가의 돌집을 찾는 순례자들 탓에 인적 드문 폐허 마을치고는 유명한 명소가 되었다. 폰세바돈과 달리 만하린의 폐허는 좀처럼 복구되지 않는다. 이곳도 순례객들의 편의시설이 들어서 생명의 활기가 넘쳐났으면 좋겠다. 바람마저 숨죽인 오전 한때, 고개숙인 태극기를 펼쳐 들고 기념촬영을 한다. 어느 순간 은미 씨는 나의 전속 사진사가 되어 있었다. 완만한 내리막길 옆, 마치 장승처럼 자리를 지키고 있는 무인판매대, 그곳의 과일주스가 탐나 기부함에 돈을 넣고 목마름을 해소하자 아내가 배고픔을 호소한다. 바나나는 허기를 채우기에 충분하다. 일행들이 바나나를 하나씩

폐허의 만하린 마을에 태극기가 펄럭인다.

나눠 먹는다. 또 다시 무인판매대의 기부함에 동전이 채워진다.

가파른 내리막길, 향이 씨의 발걸음이 자꾸만 더뎌진다. 발바닥에 부어오른 물집 때문에 돌부리를 피하느라 그렇다. 어쩌다 돌을 밟으면 용수철이 튕기듯 펄쩍 뛰어오른다. 꽤나 아픈가 보다. 게다가 진경 씨마저 허리를 한 손으로 기대 잡고 산길을 내려간다. 내리막에서 허리에 힘을 주고 가다 보니 한 번 삐끗했던 허리가 아파온다는 것이다. 연희 씨는 항상 씩씩하게 미숙 씨와 더불어 선두를 차지한다. 인솔자로서 나는 앞과 뒤를 오가며 급경사 내리막에서 부상자가 발생하지 않는지 점검하느라 바쁘다. 기다렸다 출발하고 또 다시 기다렸다 출발한다. 피곤이 가중된다. 단체 순례자는 보폭이 서로 달라 어느 정도 걷다 보면 군데군데 집단이 형성되기 마련이다.

엘 아세보 El Acebo 마을은 중세에 순례길로 인해 특혜를 누린 곳이다. 눈 내린 산길에 말뚝 400쌍을 박아 순례자들이 길을 잃지 않도

엘 아세보 마을 입구에서

록 하는 대가로 세금과 징집이 면제되었기 때문이다. 우리 일행은 교구에서 운영하는 기부제 '산 미겔' 알베르게에 도착했다. 아직 오후 2시가 되지 않아 문을 열지 않는다. 배낭을 줄지어 세워놓고 아줌마들은 바bar로 직행한다. 점심을 해결해야 하기 때문이다. 신부님, 권 선배 그리고 나는 알베르게 앞에서 배낭을 지킨다. 식사를 마친 여성순례자들이 돌아와 기다림의 대열에 속속 합류한다. 그녀들의 수다 속에 굳게 닫혀 열릴 것 같지 않았던 문이 스르륵 열린다. 두 명의 자원봉사자오스피탈레로, Hospitaleros가 얼굴을 내민다. 우리 일행은 배낭 순서대로 맨 먼저 앞으로 나섰다. 그런데 제일 늦게 온 에스파냐 여성 두 명이 지저분한 이의를 제기하며 우리를 몰아붙인다. 우리 여성 일행 7명은 자리를 지키지 않았기 때문에 제외되어야 한다며 남자 3명만 인정해야 한다는 것이다. 원칙적으로 배낭을 세워놓은 순서대로 알베르게에 들어가야 하는데 뒤늦게 온 에스파냐 여성들이 꼼수를 쓴다. 나이 많은 자원봉사자는 에스파냐 여성의 말을 그대로 따르려고 하였다. 하지만 젊은 자원봉사자가 전체 순례자의 수를 세도록 하였다. 총원이 알베르게 정원23명에 정확히 들어맞자 우리 일행 전원을 배낭순서에 따른 순례자로 인정하고, 말 많은 에스파냐 여성에게는 침대 걱정을 하지 말라고 한다. 에스파냐 여성들의 막무가내식 불평불만은 침대를 차지하기 위한 졸렬한 처사였다. 우리는 자기네 나라를 찾아 온 손님인데…. 우여곡절 끝에 우리들은 크레덴시알순례자 여권에 도장을 받고 침대를 배정받는다.

여기서부터 일이 꼬이기 시작한다. 한 번 꼬이기 시작하면 계속 그렇게 된다는 징크스를 우리는 깨지 못했다. 접수를 마친 순례자 전원은 신발과 배낭을 1층에 놔둔 채로 2층 침대로 올라가야 한다는 것이다. 하루하루가 순례인 우리들은 매일 밤 배낭의 내용물을 통째로 꺼냈다 다시 넣어야 하는데…. 여기에서 은미 데레사의 값비싼 선글라스가 없어졌다. 도수가 있어 다른 사람은 쓸 수 없을 텐데. 누가 훔쳐가도 알 수가 없으니 항의하면 항의한 사람만 바보가 된다. 게다가 이날 밤 기부제 알베르게에서 제공한 저녁식사는 내게 심한 알레르기 반응을 일으켰다. 더더군다나 밤새 빈대와 벼룩 같은 베드버그bedbug의 전천후 공습을 받았다. 온몸이 벌겋게 부어오르고 가려움증이 극에 달했다. 한밤중 아내는 알레르기 약을 내게 주었고, 정희 씨는 찬물로 샤워를 해보라고 한다. 아닌 밤중에 홍두깨! 차가운 물로 샤워까지 했다. 가려움증은 조금 완화됐지만 그 다음 날 찬물샤워의 후유증으로 몸살까지 겹쳐 최악의 컨디션으로 전락하게 된다. 게다가 전혀 걸어갈 수 없는 상태

기부제 알베르게 앞에서 문이 열리기를 기다린다.

가 되어 버린다.

저녁식사에 앞서 미사를 드렸다. 오후 5시 30분, 1층 식탁에 소박하게 제대祭臺가 차려졌다. 오늘의 주일미사에는 독일인 페터Peter도 참석했다. 그는 가톨릭 신자로서 복사mass server 출신이라고 한다. 국적을 불문한 전례가 행해진다. 신부님은 말씀전례를 통해 성경을 해석한 뒤 다음과 같이 이야기했다.

"가파른 산을 내려오면서 숱하게 많은 작은 돌들이 발밑에 굴러 내려갔습니다. 이처럼 많은 작은 돌들은 다시 제자리에 갖다놓기가 힘들 것입니다. 큰 돌은 자리가 움푹 파여 갖다 맞출 수 있지만, 작은 돌들은 그게 그거고 너무 많아 어찌 할 도리가 없습니다. 그와 마찬가지로 우리도 알게 모르게 작은 죄들을 많이 범합니다. 큰 죄는 큰 돌의 사례처럼 속죄가 분명하게 이루어질 수 있지만 작은 죄들은 한데 모이면 태산처럼 커질 뿐더러 무슨 죄를 범했는지도 몰라 속죄가 어렵습니다. 그러니 작은 죄라도 가볍게 여기지 말고 하느님 말씀대로 순명하며 살도록 노력합시다."

예수께서 제정하신 성찬전례를 통해 우리는 하나가 된다. 모두가 은혜 받는 시간이다. 하지만 순례자들 중 대부분이 종교적 목적과는 무관하게 단지 걷기열풍에 동참한 사람들이다. 구원을 향한 종교적 순례가 이루어졌던 중세와는 사정이 많이 달라졌다고는 하지만, 종교적 순례라는 순수한 근원적 의미가 어느 정도라도 되살아났으면 좋겠다는 생각이 든다. 신부님께서 영대領帶를 걸치고 전

알베르게 1층 식당에서 미사를 드리다.

례를 행하고 있는 중에도 떠들며 왔다 갔다 하는 사람들이 많았기 때문이다. 하기야 스페인 전체 인구의 94%가 가톨릭 신자라고는 하나 정작 가톨릭을 제대로 믿는 사람은 고작 20%에 불과하다는 어느 조사결과도 있고 하니….

우리나라는 세계 어느 나라에서도 유례를 찾아볼 수 없는 특징을 지녔다. 모든 국가는 선교사의 전도에 의해 가톨릭을 수용했다. 그러나 우리나라는 조선시대 실학자들을 중심으로 서학西學이라는 학문으로 자체 수용된다. 그리고 수많은 백성들이 탄압에 맞서 신앙을 버리기보다는 순교를 택했다. 현재의 한국은 가톨릭 신앙이

로마화엄숙 · 경건되어 가고 있는 반면, 유럽은 탈로마화를 지향하여 신앙의 깊이가 역전되는 추세다. 향후 신앙의 중심축이 로마가 아니라 한국으로 이동하지 않을지 모르겠다.

나는 포도나무요 너희는 가지다

9. 22 월, 비 온 후 오후 늦게부터 흐림

엘 아세보Al Acebo - 3.5km – 리에고 데 암브로스Riego de Ambrós - 4.0km – 몰리나세카Molinaseca - 8.0km – 폰페라다Ponferrada(총 15.5km)

아침 6시, 밤새 음식물 알레르기와 베드버그bedbug에 시달린 터라 몸을 가누기가 어렵다. 고통 없이는 영광도 없다No pain, no glory지만 이건 고통의 수준을 넘어섰다. 완전 병자 반열에 들어서 버린 후였다. 마침 신부님께서 스페인에 도착하자마자 휴대폰 칩1개월 사용료 20유로을 사서 바꿔 끼었기 때문에 전화가 가능했다. 신부님의 휴대폰을 빌려 택시를 불렀다. 발 상태가 가장 나쁜 향이 씨가 나와 동승했다. 부슬부슬 내리는 빗속을 택시가 달려간다. 대여섯 시간을 걸어야 도달할 거리를 불과 20여 분만에 도착한다.

폰페라다의 기부제 교구 알베르게에 1번으로 도착한 시간이 오전 8시였다. 이곳에서 묵었던 순례자들은 이제 출발하는데 우리는 벌써 오늘 여정의 종착지에 도착한 것이다. 우리는 출발하는 순례

폰페라다의 알베르게와 그 앞의 성당

자들을 비집고 알베르게 대문 안으로 들어갔다. 비를 피해 10개의 배낭을 처마 밑에 순서대로 정렬시켰다. 택시를 타고 내려올 때 일행들의 배낭을 트렁크에 모두 실어왔었기 때문에, 죽기 살기로 배낭을 메는 권 선배를 제외한 8명의 순례자들은 판초우의만 입고 비교적 수월하게 산을 내려왔을 것이다. 비가 내리는 새벽은 춥다. 알베르게 안으로 들어가 잠깐 쉬려는데 오후 2시까지 밖에서 기다리란다. 춥고 힘이 든다. 어젯밤 잠을 한숨도 자지 못한 탓에 졸음이 밀려온다. 나도 모르게 잠이 들었는데 오슬오슬 한기가 엄습해

왔다. 처마 밑 의자는 바람만을 막아줄 뿐 온몸을 파고드는 한기寒氣까지는 어찌하지 못한다. 그때 향이 씨가 배낭을 열고 침낭을 꺼내 곧게 펼쳐 나를 덮어준다. 침낭의 포근함과 따뜻함이 나를 감싸 안았다. 깊고 깊은 꿈속으로 들어갔다. 어느 순간 나도 모르게 깜짝 놀라 눈을 떴다. 벌써 11시다. 아픈 내 곁에서 간호하던 향이 씨는 얼마나 긴 시간을 보냈을까? 그녀에게 미안한 마음이 든다. 그녀는 나에게 따뜻한 뭔가를 먹어야 한다며 근처 바bar로 가자고 한다. 속이 속이 아닌 나는 따뜻한 카페 콘 레체café con leche, 우유를 넣은 커피 이외 다른 선택이 없었다. 따스한 기운이 몸의 냉기를 날려 보낸다. 이제야 정신이 맑아지기 시작한다. 역시 따뜻한 것을 마시길 잘했다. 11시 30분이 되자 보슬비를 뚫고 우주인처럼 판초우의를 뒤집어 쓴 우리 일행들이 속속 도착하기 시작한다. 그들의 폰페라다 입성이 이처럼 반가울 수가!

고대 켈트족의 마을이 있었던 폰페라다Ponferrada는 인근의 광산 때문에 로마 제국의 거대도시로 성장했다. 로마가 쇠퇴하자 5세기에는 서고트족, 9세기에는 이슬람 세력이 침입하여 도시를 약탈하고 철저히 파괴하였다. 그 후 이슬람에 대항하는 가톨릭의 정신적 지주가 된 성 야고보의 유해가 발견되면서 산티아고로의 순례가 유행처럼 번져 나갔다. 특히 예루살렘이 이슬람 세력에 의해 점령되면서 예루살렘으로의 순례가 차단되자 산티아고 순례는 더욱 중요한 의미를 갖게 되었다. 레온 왕국의 페르난도 2세는 산티아고

템플기사단의 성채

순례자의 안전을 보장하기 위해 1170년 템플기사단에게 도시를 맡겨 재건하도록 하였다. 이때 건축된 성이 템플기사단의 성채Castillo de los Templarios다. 이 성을 중심으로 템플기사단은 순례자를 보호하는 중요한 역할을 수행하게 된다. 템플기사단은 해체되기 전까지 순례자들을 보호했다.

비밀주의 소설의 단골 메뉴가 된 템플기사단은 1118년 프랑스의 젊은 기사 9명이 청빈, 정결, 순명을 서약하며 '예수 그리스도의 가난한 군병들'이라는 이름으로 시작된 비밀 결사조직이었다. 최초의 문장은 말 한 마리에 기사가 두 명이나 올라탄 모습을 형상화한 가난한 군병의 모습이었다. 그들은 성전聖戰을 치르거나 순례자들을 보호할 목적으로 출발했다. 십자군은 1099년 이슬람 세력으로부터 예루살렘을 탈환했다. 그러나 도시라는 울타리點만을 탈환했을 뿐 유럽에서 예루살렘까지 이어지는 경로線는 완전히 장악하지 못해 여전히 이슬람 세력과 강도들의 위협이 존재했다. 순례에 나서는 사람들은 돈이나 귀금속을 소지할 수 없었다. 도시에 들어서기 전 순례길에서 이슬람 세력이나 강도들에 의해 강탈당할 것이 뻔했기 때문이다. 이때 템플기사단은 순례자들을 위해 오늘날의 환어음 제도를 도입했다. 순례에 나서기 전 재산을 맡기면 환어음을 발행해 주고, 순례자가 예루살렘이나 산티아고 같은 목적지에 도착하여 환어음을 제출하면 그곳에서 현금으로 교환해 주었다. 1139년 교황 인노첸시오 2세는 템플기사단에게 오로지 교황의 지시에만 따를 것을 조건으로 치외법권적 특혜를 제공했다. 이로 인해 세금을 내지 않고 환어음 발행 수수료를 챙긴 템플기사단은 경제적으로 막대한 부를 축적하게 된다. 유럽은 물론 중동지역에 이르기까지 순례자를 보호하기 위한 다국적기업 형태의 국제금융업은 엄청난 재산을 끌어 모은다.

1285년 프랑스 왕위에 오른 필립 4세는 프랑스 남서부를 장악하고 있던 영국과 전쟁을 시작하면서 전비 등을 조달하기 위해 템플기사단으로부터 많은 돈을 빌려 쓰고 있었다. 또한 그는 교황 보니파시오 8세와도 불화를 빚고 있었다. 그는 1303년 아나니의 교황 별장을 기습적으로 공격한다. 그 후 프랑스인 추기경 '베르트랑 드 고트'가 교황 클레멘스 5세로 즉위하였다. 이에 필립 4세는 교황청을 프랑스로 옮길 것을 요구하였고, 교황은 프랑스의 아비뇽으로 거처를 옮기게 된다. 이를 아비뇽 유배1309~1377년라 부른다. 경제적 기반을 강화하기 위해 기회를 노리던 필립 4세는 1307년 템플기사단을 전격적으로 잡아들여 동성애와 우상숭배 혐의로 고문을 자행한다. 템플기사단의 재산을 빼앗기 위한 조치였다. 그는 가혹한 고문을 자행하였다. 고문에 지친 기사들은 죄를 자인하였으나 모두 화형에 처해졌다. 그리고 꼭두각시나 다름없던 교황 클레멘스 5세에게 템플기사단 해체라는 강력한 압력을 행사하였다. 결국 1312년 교황은 템플기사단 해체를 공식 선언한다. 이로 인해 필립 4세는 템플기사단의 엄청난 재산을 몰수함과 동시에 막대한 액수의 빚을 일거에 해소해 버렸다. 이처럼 비극적으로 템플기사단은 지구상에서 사라졌다.

한편 교황청은 지난 2007년 10월 템플기사단에 대한 종교재판1309~1311년 기록을 공개했다. 기록에 따르면, 교황 클레멘스 5세는 템플기사단이 이단이 아님을 인정하지만, 이들을 고발한 필립 4세와의 평화를 위해 템플기사단 해체에 나섰다고 밝히고 있다. 프랑스 아비뇽에서의 교황청 생활은 1377년 교황 그레고리오 11세가 로마로 귀환함으로써 막을 내린다. 하지만 그 뒤에도 프랑스 출신 추기경들의 차기 교황 선출을 둘러싼 반발은 지속된다.

템플기사단이 환어음 제도를 이용한 것은 아이러니하게도 그들이 성전聖戰을 벌이던 이슬람 압바스 왕조749~1258년가 상거래 결재수단으로 사용하던 수프타자Suftajah를 모방한 것이었다. 이슬람 세력은 무엇보다도 신용을 중요시했다. 신용은 돈과도 바꿀 수 없는 명예였다. 그래서 신용을 어긴다는 것은 명예의 실추로 여겨졌다. 이는 곧 죽음을 의미했다. 이슬람의 상거래는 신용을 중시하는 만큼 서로 악수를 한 뒤 하늘 한 번 쳐다보면 계약이 성립될 정도였다. 이슬람에서는 신용을 전제로 성립된 계약을 무전계약無錢契約이라 불렀다. 템플기사단은 이러한 이슬람의 제도를 활용하여 새로운 아이디어를 창출해 냈다. 제도가 제도이니만큼 이를 원용한 템플기사단의 신용과 명예도 가히 높았을 것으로 추정된다. 황금만능주의에 사로잡혀 시기와 질투, 모략과 배신을 일삼는 현대인들이 새겨들어야 할 대목이 바로 신용과 명예일 것이다.

항상 제일 먼저 하루 여정의 목적지까지 달려가다시피 했던 신부님의 발톱에 이상이 생겼다. 내리막길에서 발이 앞으로 쏠려 등산화의 앞부리에 발가락이 지속적으로 닿아 생긴 부상이다. 발톱

이 살갗에서 붕 떠버렸다고 한다. 지난 밤 통증 때문에 잠도 제대로 자지 못했다는 것이다. 우리 순례단의 아줌마들은 '신부님은 거의 초인이다. 물집도 안 잡히고 통증도 없는 우리와는 다른 사람이다'라는 사제에 대한 신비한 고정관념을 가졌었다. 신부님의 발톱 통증은 이러한 고정관념을 단숨에 날려버렸다. 이 사건은 아줌마들과 신부님의 간격을 획기적으로 좁혀주었다. 신부님은 "나도 화장실에 갑니다"라는 농담을 하며 아줌마들을 즐겁게 해주었다. 그 뒤부터 신부님과 아줌마들은 인간적인 농담과 장난을 주고받는다.

직접 요리한 즐거운 저녁식사

아줌마 부대는 알베르게에 입성하자마자 먼저 슈퍼마켓에서 장을 봐왔다. 이날 알베르게의 점심 식탁에는 돼지고기 두루치기와 야채가 올라왔다. 풍성한 밥상에 저절로 손이 간다. 너무도 잘 먹었다며 모두 깔깔댄다. 알베르게의 주방에는 먼저 다녀간 순례자들의 흔적이 남아 있다. 냉장고 안에는 케첩이나 파스타, 심지어는 1kg 정도의 쌀들이 놓여 있기도 한다.

순례자들이 요리하고 남은 식재료를 그대로 놔두고 가기 때문이다. 무게를 줄이기 위한 고육지책이었으리라. 하루 또는 며칠 뒤에 온 순례자들은 남아 있는 식재료를 사용하여 음식을 장만하기도 한다. 주인이 없는 식재료는 아무나 이용할 수 있다. 순례길에서 나눔을 실천하는 방법 중의 하나이다.

그동안 아줌마 부대의 몸 상태를 고려하여 걷는 거리를 조금씩 줄여왔다. 그래서 오늘은 남은 거리와 일정을 재점검해야 한다. 거리를 축소해 걸었던 만큼 내일 이곳 폰페라다Ponferrada에서 비야프랑카 델 비에르소Villafranca del Bierzo까지 23.5㎞를 버스나 택시로 건너뛰어야 했다. 권 선배와 나는 거리로 나가 버스 편을 알아봤으나 버스 정류장까지 가는 길이 너무 멀다. 알베르게 인근 바bar를 겸한 호텔로 들어가 택시를 수소문한다. 바 주인이 친절하게도 직접 택시회사에 전화를 걸어 협상을 해준다. 택시 1대당 30유로씩 택시 3대에 90유로라는 것이다. 권 선배가 비싸다며 10유로 깎아줄 것을 요구하자 전화로 몇 번 말을 더 주고받은 바bar 주인이 고개를 끄덕인다. 우리 일행이 총 10명이라 택시 3대가 필요했다. 만족스럽게 협상을 마친 우리는 의기양양하게 알베르게로 되돌아왔다.

어제는 엘 아세보El Acebo의 산 미겔 교구성당을 열어줄 것을 요구했었다. 오늘도 교구 알베르게 앞마당의 성당 문을 열어 달라고 부탁했다. 하지만 어제나 오늘이나 하느님의 성전은 결코 열리지 않

포도나무 아래에서의 미사

는 장식물에 불과했다. 어제는 알베르게 식당에서, 오늘은 알베르게 앞마당의 포도나무 아래에서 미사를 드린다. 포도 알갱이가 주렁주렁 매달린 포도나무 아래에 간이 탁자와 의자를 펼쳐놓았다. 포도 줄기를 지붕 삼아 하느님의 성전이 자리를 잡아간다. 초대 교회 시절 성전은 없었다. 교우들의 집을 돌아가며, 심지어는 영업시간을 피해 술집을 빌려 미사를 드리기도 했다. 그러다 점차 성사를 위한 전용공간의 필요성을 느껴 성당을 짓기 시작했다. 그런 면에서 우리의 야외 포도나무 교회도 초대 교회의 모습을 닮았다.

"나는 포도나무요 너희는 가지다. 내 안에 머무르고 나도 그 안에 머무르는 사람은 많은 열매를 맺는다. 너희는 나 없이 아무것도 하지 못한다. 내 안에 머무르지 않으면 잘린 가지처럼 밖에 던져져 말라 버린다. 너희가 내 안에 머무르고 내 말이 너희 안에 머무르면, 너희가 원하는 것은 무엇이든지 청하여라. 너희에게 그대로 이루어질 것이다." (요한 15, 5-7)

신부님께서 위의 성경구절을 암송한다. 그리고 오늘 매일미사가 예수님의 포도나무 보호 아래 이루어진다고 말한다. 경북 상주에서 왔다는 백화진 씨 가족과 안양 중앙성당의 신문주 첼리나 등도 미사에 동참했다. 특히 백화진 씨와 그의 부인은 포도나무 덩굴 아래에 머물며 '너희가 원하는 것은 무엇이든지 청하여라'는 성경말씀에 따라 무엇인가를 간절히 청하고 있었다. 조촐한 미사가 갑자기 활기를 띤다. 신부님은 강론에서 순례길의 아름다운 풍경과 정겨운 소리를 회상하며 말씀하신다.

"청각 및 시각 장애인들은 우리처럼 걷는 동안 청아한 소리를 듣지도, 아름다운 대자연의 풍경을 보지도 못합니다. 우리는 그들에 비하면 얼마나 행복합니까. 휠체어를 탄 장애인은 걷고 싶어도 걷지 못하는데, 발바닥의 통증 정도는 얼마든지 참고 걸을 수 있습니다. 그러니 절름거리는 고통도 달콤하게 받아들여야 합니다. 선천적 시각장애인들도 꿈을 꾼다고 합니다. 얼마나 보고 싶겠습니까.

스쳐가는 하찮은 풍경조차도 그들에게는 정말로 간절히 보고 싶은 소중한 장면일 것입니다. 우리가 보고, 걸을 수 있다는 사실! 그 자체만으로도 행복합니다. 이러한 마음으로 신께 감사하며 걷는다면 남은 순례길은 항상 평화가 여러분과 함께할 것입니다."

성체성사용 와인을 제공받다

9. 23 화, 비 왔다 흐렸다 맑았다 제멋대로

(폰페라다에서 비야프랑카 델 비에르소까지 택시로 23.5㎞ 점프)
비야프랑카 델 비에르소Villafranca del Bierzo - 5.5㎞ – 페레헤Pereje - 5.5㎞ – 트라바델로Trabadelo - 4.5㎞ – 라 포르텔라La Portela - 1.0㎞ – 암베스메스타스Ambasmestas - 2.0㎞ – 베가 데 발카르세Vega de Valcarce(총 18.5㎞)

새벽 3대의 택시가 질주한다. 약간의 가랑비가 차창을 때려 마음을 무겁게 했지만 택시에서 내릴 즈음 비구름이 점차 걷혀가고 있다. 비야프랑카 델 비에르소Villafranca del Bierzo에서 맞이하는 아침은 상쾌하다. 이곳에도 산티아고 성당이 있다. 예전에는 여행길에 지쳐버린, 또는 병든 순례자들이 마지막 힘을 다해 이곳 산티아고 성당 입구인 '관용의 문'을 지나가곤 했다. 그렇게 관용의 문을 통과함으로써 산티아고 순례길의 끝을 맺고 죄를 씻을 수 있다고 믿었다. 최종 여정을 소화해 낼 수 없는 병약한 순례자들을 위한 배려였을 것이다. 그래서 이름도 산티아고 성당이다. 지난해 우리 부부도 이곳 산티아고 성당에 도착했을 때 너무도 힘이 들었다. 그래서

비야프랑카 델 비에르소에 있는 산티아고 성당

관용의 문을 통과하고 이쯤에서 순례를 접어버릴까 하는 생각을 했었다. 하지만 관용의 문은 빗장을 걸어 잠근 채 우리 부부의 통과를 허용하지 않았다. 하느님의 뜻이었다! 우리 부부는 관용의 문을 지나치지 못한 탓에 결국 모든 순례일정을 소화하고 산티아고 대성당에서 감격의 순간을 맞이할 수 있었다.

비야프랑카 델 비에르소는 아내에게 상당히 의미 있는 곳이다. 지난해 순례 때 예수 그리스도의 동행을 느꼈기 때문이다. 그때 피곤이 가중되어 거의 빈사상태에 이르렀던 아내가 이곳에 이르자 마음속에서 울려나오는 성가聖歌를 듣게 되었다는 것이다. 그리고 걷는 동안 예수님께서 나란히 걸어주는 듯한 느낌을 가졌다고 한다. 그날은 배낭의 무게감도 모르고, 다리의 통증도 잊은 채 단숨에 기적의 현장인 '오 세브레이로'까지 걸어갔다. 최고의 난이도 구간을 신神과의 동행으로 극복해 낸 것이다. 카미노는 인자하신 예수 그리스도께서 동행해 주시는 길이다. 지난해 하루 만에 주파한 이 구간을 우리 일행은 이틀에 걸쳐 걸어가게 된다.

오늘 일정은 비야프랑카 델 비에르소에서 시작된다. 순례자들은 발걸음도 상쾌하게 발카르세 강을 거슬러 간다. 딱딱한 아스팔트 길조차 강에서 풍겨오는 시원스러운 기운에 압도당해 마치 오솔길을 걷는 듯 힘든 줄을 모른다. 건조한 도로와 습기 가득한 강물이 어우러져 새로운 풍광을 연출한다. 아스팔트길 위의 시멘트 분리대가 차도와 순례길을 구분 짓는다. 오늘은 하루 종일 강가의 아스팔트길을 따라 걷는 여정이라 자칫 지치기 쉽다. 그래도 우리 순례단은 삶의 무게를 배낭에 가득 담아 묵묵히 간다.

중세 삶의 무게는 참으로 무거웠다. 특히 여자인 경우 더 그렇다. 알폰소 6세의 딸 우라카Urraca, 재위 1109~1126는 프랑스 부르고뉴 가문의 십자군 기사 라이문도레이몽와 결혼하여 추후 알폰소 7세가 되는 아들을 낳았으나 남편은 죽고, 오빠가 암살되는 비극을 겪는다. 결국 그녀는 아버지의 뒤를 이어 왕위를 계승한 후 6촌 친척인 아라곤 왕국의 알폰소 1세와 재혼한다. 그러나 결혼은 파경에 이르고 이혼한 남편과 전쟁을 벌이는 등 파란만장한 삶의 무게를 감당해야 했다. 그녀가 태어난 곳이 바로 이곳 페레헤Pereje 마을이다. 곡물을 저장하던 허름한 창고인 오레오Horreo에서 출생한 그녀는 페레헤 마을에 세금면제라는 특혜를 부여하였다. 또한 이 마을은 순례자 병원 건립을 둘러싸고 밥그릇 싸움이 치열했던 곳이다. 앞으로 우리가 찾아갈 오 세브레이로O Cebreiro의 수도원에서 순례자를 위한 병원과 성당을 지으려 하자 인근의 비야프랑카 델 비에르소Villafranca del Bierzo 수도원이 발끈하면서 싸움이 벌어졌다. 거리적 이점 때문이었을까? 결국 이곳과 인접한 비야프랑카 델 비에르소 수도원이 승리했다. 상처뿐인 영광이었으리니. 싸움의 발단이 된 순례자 병원을 눈을 비벼가며 찾아보지만 어디에도 보이지 않는다. 역시 과거는 흘러갔나 보다.

페레헤 마을을 빠져나가자 아스팔트길이 순례길을 가로막는다. 도로를 가로질러 반대쪽의 인도를 따라 걷는다. 시간이 흐르자 은미 씨의 보폭이 줄어들기 시작한다. 배낭 속에 웅크린 삶의 무게가 그녀를 짓눌렀나 보다. 나 또한 순례자의 진정한 고통을 온전히 몸으로 느낀다. 은미 씨 곁으로 다가가 발을 맞춰 걷는다. 한참을 걷던 은미 씨는 불쑥 이곳을 왜 이베리아 반도로 부르느냐고 질문을 한다. 아울러 국가의 이름이 에스파냐면 에스파냐지 왜 영어로는 스페인이라고 부르냐는 추가적인 질문까지 한다. 드디어 나의 무

페레헤 마을을 빠져나오는 순례자들

식함을 상쇄할 기회가 왔다.

지난해 우리 부부는 800㎞에 이르는 순례길을 온전히 걸었다. 순례 8일차가 되던 날 우리는 로그로뇨Logroño에 진입하면서 에브로Ebro 강을 건너갔다. 그 에브로 강이 기원전 3세기경에는 이베로Ibero 강으로 불렸다고 한다. 당시 이베로 강 주변에 많은 토착민들이 정주하고 있었기 때문에 로마인들은 그들을 이베로인이라 불렀다. 추후 그 땅을 이베리아 반도로 부른 것은 당연한 결과다. 또한 로마는 이베리아 반도를 속주屬州로 다스리던 시기에 히스파니아Hispania라는 지명으로 분할 통치했다. 히스파니아라는 지명은 에스파냐España의 어원이 되었다.

1492년 마지막 이슬람 왕조를 추방시킨 이사벨 여왕 이후 에스파냐인Español이라는 개념도 형성된다. 카스티야의 여왕 이사벨은 아라곤 왕 페르난도와 결혼하였고, 그녀의 남편 페르난도는 이슬람 세력을 추방시킨 뒤 명맥만 유지해 오던 나바라 왕국을 병합시켰다. 새로운 국명이 필요하던 통합 왕국은 과거 로마가 사용했던 히스파니아Hispania를 국명으로 채택한다. 하지만 시간의 흐름에 따라 h는 발음을 하지 않는 묵음이 되어 버렸고, i는 e로 변형된 후라 에스파냐España가 되었다.

한편 로마는 히스파니아Hispania를 h와 i를 생략한 채 스파니아Spania로 부르기도 하였다. 로마 후기에 사용되던 스파니아는 영어로 스페인Spain의 기원이 된다. 그래서 영어로는 스페인이라 부른다. 영어로 히스패닉Hispanic은 스페인계 또는 스페인어를 사용하는 라틴 아메리카계 사람 정도로 해석된다.

트라바델로Trabadelo 마을을 폭풍처럼 지나친다. 돈을 강탈당하지 않으려면 빨리 지나쳐야 하기 때문이다. 중세 때는 그러했다. 하지만 지금은 안전하다. 중세 이곳의 귀족들은 도둑들과 연합하여 좁은 계곡 사이를 지나가는 순례자들에게 과도한 통행료를 징수했다. 그들은 돈이 많아 보이는 순례자에게는 강탈도 서슴지 않았다. 카스티야의 알폰소 6세Alfonso VI, 재위 1072~1109년는 페레헤 마을에서 태

트라바델로 마을 초입

어난 우라카Urraca 여왕의 아버지로서 철옹성의 도시 '톨레도'를 이슬람 세력으로부터 탈환한 왕이다. 그는 템플기사단과 연합하여 이 마을의 부패한 귀족과 도적들을 완전히 토벌해 버렸다. 역시 철옹성의 도시 톨레도를 탈환한 왕다운 공적이다. 그 뒤부터는 순례자들의 안전이 도모되었다. 트라바델로 마을을 빠져나가자 작은 문이라는 의미의 라 포르텔라La Portela 마을이 나온다. 그 다음이 암바스메스타스Ambasmestas 마을이다. 마을 모두 계곡과 계곡 사이에 위치한다. 이러한 좁은 계곡의 샛길은 순례자들로부터 금품을 강탈하기에 최적의 장소였을 것이다.

힘든 발걸음을 옮기는데 저 앞에서 신부님이 우리를 기다리고 있다. 우리 일행이 다가가자 40여 분을 길가에 주저앉아 쉬고 있는 중이라고 한다. 신부님은 계속 전진해야 했지만 왠지 모르게 그냥 이곳에서 쉬고 싶었단다. 사실 신부님은 오늘 여정의 종착지와 우리가 묵을 알베르게를 전혀 모른 상태였다. 만약 이곳이 아닌 수백 미터만 더 가서 기다렸더라도 우리를 만나지 못했을 것이다. 그리고 우리를 기다리다 다시 앞으로 걸어갔으리라. 그러면 나중에 되돌아오는 수고를 피할 수 없었을 것이다. 지친 순례자가 뒤돌아 걷는다는 것은 고난과 역경 그 자체이다. 신부님과 합류한 우리 일행은 그곳에서 10미터를 더 전진한 뒤 오른쪽 언덕배기에 있는 시립 알베르게로 들어갔다. 신부님은 일행보다 앞서 잘 걸어가던 자신이 왜 그 자리에서, 그것도 40분씩이나 마냥 쉬면서 앉아 있었는지 모르겠다며, 더 걸어갔더라면 우리 일행을 만나지 못한 채 산 속을 헤맸을 것이라며 신비로워한다. 모든 섭리가 하느님 뜻이리라. 이 또한 순례길의 기적이 아니겠는가!

베가 데 발카르세Vega de Valcarce 마을의 시립 알베르게에 도착하자마자 샤워를 한다. 어제는 돼지고기 두루치기, 오늘은 닭도리탕이다. 샤워를 마친 아줌마 부대는 바지런하게 슈퍼마켓에서 닭고기와 양파 등을 사와 요리를 한다. 신부님께서 일급 요리사 기질을 발휘한다. 직접 양파도 썰고 마늘도 다진다. 과거 군대에서 숙달된 솜씨를 발휘한단다. 초등학교 친구 사이로 산티아고 가는 길을 걷고 있다는 준영과 순영도 우리의 만찬에 합류했다. 두 친구는 베드버그bedbug에 물린 탓에 붉은 반점이 온몸을 가득 채우고 있다. 얼마나 가려웠을까? 엘 아세보의 알베르게에서 베드버그에게 심하게 당했던 나로서는 동정이 아니 갈래야 아니 갈 수 없다. 이번 순례길에서 만난 한국인들은 대부분 베드버그의 습격을 받았다고 하소연한다. 이날 밤 우리 일행 중 연희 세실리아 · 은미 데레사도 베드버그의 기습공격을 받아 발과 팔이 벌겋게 부어오르는 기분 나쁜 경험을 하게 된다. 늦게 도착했지만 어제 미사를 함께 드린 안양 중앙성당 청년신도인 승민이도 닭도리탕의 포만감을 만끽했다. 순례길에서는 먹는 게 최고, 내일의 힘이 차곡차곡 비축된다. 우리들은 매일매일 이어지는 행군 속에서 하나의 소박한 꿈을 꾼다. 오늘 도착한 마을에 따뜻한 음식과 잠자리가 있기를 기대하는 꿈이다. 오늘은 정말이지 따뜻한 음식과 포근한 잠자리가 마련됐다. 꿈이 실현되었다.

직접 요리하는 신부님

부지런한 신부님은 벌써 마을구경이다. 장례미사가 진행되는 성당에서 미사를 위한 협상을 마무리했다. 우리 일행 중 가톨릭 신도

우리들만을 위한 미사가 개최된 마을성당

인 연희 · 은미 씨 그리고 아내와 나, 그 외에도 냉담자이던 향이 씨가 미사에 참례하였다. 가톨릭 국가인 에스파냐에서, 그것도 이 마을에 하나뿐인 성당에서 한국인 신부 집전하에 오후 6시 미사가 진행된다. 제1독서와 제2독서 중 하나를 읽고 싶었지만 노안 탓에 돋보기를 쓰지 않고는 글씨가 보이지 않는다. 은미 씨가 1~2 독서를 모두 진행했다. 아마도 은미 씨는 머나먼 이국땅에서 생애 최고의 영광을 맛보았으리라. 미사 후 성체성사용 와인을 성당에서 제공받았다. 앞으로 사용하게 될 와인이다. 이날 전례봉사자로부터 제공받은 와인은 마드리드에서 마지막 미사를 드릴 때까지 쓰였다.

미사 이후 바bar에서 간단한 티-타임tea-time이 진행된다. 한적하고 여유로운 시골마을에서의 뜨거운 커피 한 잔은 오늘의 고통을 일시에 날려버리는 효과가 있다. 달콤한 대화의 시간, 사소하지만 소중하게 여겨지는 행복을 예전에는 느끼지 못했다. 행복의 시간이 영원히 지속될 수는 없다. 대부분의 알베르게는 저녁 10시가 되면 문단속을 하며 무조건 소등해 버린다. 내일을 위한 잠이 필요하기 때문이다.

티-타임으로 피로감을 떨쳐내다.

대부분의 순례자들은 피곤에 찌들어 수면 초기에 심하게 코를 고는 경우가 많다. 그래서 매번 잠 잘 때마다 코를 골지 않기 위해 신경을 쓴다. 그러나 오늘 밤은 코 고는 것을 걱정하지 않아도 된다. 우리 방에 배정된 13명의 순례자들이 모두 한국인이기 때문이다. 우리는 고통을 통하여 산티아고로 나아가는 나룻배다. 내일의 항해를 앞두고 잔잔한 잠에 빠져든다.

신부님께서 기적의 성당에 서다

9. 24 수, 계속 흐리고 춥다가 오후 늦게 맑아짐

베가 데 발카르세Vega de Valcarce - 2.5km – 루이텔란Ruitelán - 1.5km – 라스 에레리아스Las Herrerías - 4.0km – 라 파바La Faba - 2.5km – 라구나 데 카스티야Laguna de Castilla - 3.0km – 오 세브레이로O Cebreiro(총 13.5km)

아직도 어둡다. 하지만 걷는 데는 지장이 없다. 오늘의 여정은 높은 산길인 점을 고려하여 13.5km만 걷기로 결정했다. 아침 공기가 시원하게 폐부로 스며든다. 루이텔란Ruitelán을 지나 라스 에레리아스Las Herrerías의 마을입구에 도착한다. 내리막길 옆 화려하게 치장한 바bar를 발견하고 모두들 쉼터의 한가로움을 찾아 문지방을 넘는다. 뜨거운 커피로 약간의 추위를 달래자 기운이 충전된다. 소가 여유롭게 풀을 뜯는 전원적인 마을을 지나 고도를 높여간다. 아스팔트길에서 벗어나 숲의 오솔길을 즐기는 것도 잠시뿐, 등산하듯 가파른 길이 갑자기 펼쳐진다. 라 파바La Faba 마을에 이르기까지 헐떡이는 숨을 고르지 못한다. 아스팔트길과 합류되는 곳에 바

산정으로 향하는 오솔길

bar가 우리를 기다리고 있다. 바가 없다면 순례의 고단함을 어디서 풀까? 오늘의 여정 중 가장 힘든 구간이다.

카미노산티아고 가는 길는 우리에게 답을 주기도 하지만 질문을 던지기도 한다. 카미노를 걷는 동안 여유로운 느림의 시간 속에 '내가 진정 원하는 것이 무엇인지? 하고 싶은 것이 무엇인지? 찾고자 하는 것이 무엇인지?' 질문을 던진다. 카미노가 직접 답을 주지는 않는다. 하지만 나의 질문에 대한 답은 카미노를 걷는 동안 생각이라는 수단을 통해 이루어진다. 카미노 위에서 내가 질문하고 내가 답을 찾아낸다. 그러므로 카미노 위에 답이 있는 셈이다. 카미노는 곧 나다. 마음이 비워지고 채워지는 과정을 반복하며 온전하게 자신과 만나기 때문이다. 단순하게 카미노를 걷는 일상 속에서 뜻밖의 자신을 발견하게 된다는 뜻이다. 이것이 카미노가 가진 진정한 힘이다.

구름 속을 헤매며 희미하게 보이는 길을 따라 다시 도착한 마을, 라구나 데 카스티야Laguna de Castilla! 카스티야 · 레온 지방州의 마지막 마을을 어찌 그냥 지나칠 수 있겠는가. 한 명도 열외 없이 모두가 모였다. 10명의 잡담이 구름에 반사된다. 다들 13.5㎞치고는 너무 멀고 힘들단다. 특히 정희 씨가 체력의 한계에 도달한 듯하다. 힘에 겨운 오솔길 탓에 걷는 데만 치중할 뿐 별다른 말이 없다. 원래 걷기 시작하면 말이 많다. 그러나 시간이 흐르면 모두 고단함에 찌들어 말문을 닫아버린다. 무념무상 무아지경에 이른다. 신부님은 묵주기도 15단에서 20단 정도면 한 마을이 지나가고 또 다른 마을이 나타난다며 활짝 웃는다. 정말 원 없이 묵상과 묵주기도를 하는 것 같다. 우리 일행은 카스티야 · 레온 지방과 갈리시아 지방의 경계석에 모여 기념촬영을 하기로 했다. 그러자 곁에 있던 아내가 아스투리아스 왕국은 워낙 많이 들어 알겠는데 카스티야와 레온 왕국은 무엇이냐고 질문한다. 이곳이 카스티야 · 레온 주州이기 때문이다.

서기 914년 아스투리아스 왕국은 오비에도에서 평야인 레온으로 수도를 옮기면서 레온León 왕국으로 국명을 변경했다. 이보다 9년가량 앞서 에스파냐 동북부의 프랑스 변경지역인 팜플로냐를 중심으로 나바라Navarra 왕국이 건설되었다. 새로운 그리스도교 국가가 출현한 것이다. 나바라 왕국은 11세기에 이르러 아라곤Aragón 백작령과 카스티야Castilla 백작령을 병합한 다음 아스투리아스를 계승한 레온León 왕국까지도 병합했다. 이베리아 반도 북부지역을 통일한 것이다. 이와 정반대로 이베리아 반도 남부의 이슬람 세력은 서기 1031년에 이르자 20여 개의 군소 정권으로 분열하여 쇠퇴의 길을 걷게 된다.

드디어 나바라 왕국으로 단일화된 기독교 국가가 남부의 이슬람 세력을 소탕하는 것쯤은 쉬운 일이 되어버렸다. 하지만 운명의 여신은 그리 호락호락하게 한쪽만을 편애하지 않았다. 서기 1035년 이베리아 반도의 북부지역을 통일한 산초 3세가 사망하자 나바라 왕국은 다시 나바라, 카스티야, 아라곤 왕국으로 분열되었다. 그리고 뒤를 이어 레온 왕국까지 분리됨으로써, 서기 1157년에는 나바라, 카스티야, 아라곤, 레온 등 4왕국이 존재하게 되었다. 레온 왕 알폰소 9세와 카스티야 왕국의 계승자 베렝겔라 사이에서 태어난 페르난도 3세는 1199년 레온과 카스티야 왕국을 영구 통합시킴으로써 카스티야 · 레온 왕국이 탄생하여 카스티야에 의해 두 왕국이 대표되었다. 물론 서쪽으로는 포르투갈 왕국이 존재했다. 후에 카스티야의 이사벨 여왕과 아라곤의 페르난도 2세가 결혼하여 1492년 이슬람 최후의 보루이던 그라나다 왕국을 정복하고 알람브라 궁전에 입성했다. 그 후 1512년 페르난도는 나바라까지 복속시킨다. 이로써 에스파냐는 하나의 국가가 되었으며, 이웃나라로는 포르투갈이 존재하게 되었다.

드디어 우리의 여정은 에스파냐 북부의 서쪽 끝 갈리시아 지방에 접어들게 된다. 순례길에 오른 10명 전원은 카스티야 · 레온 지방과 갈리시아 지방의 경계석에 모여 기념촬영을 하였다. 이제 궂은 날씨로 유명한 갈리시아 지방에 접어든 것이다. 순례 여정 중 최고의 난이도를 자랑하는 칸타브리아 산맥 능선을 따라 정상에 도달했다. 힘든 여정의 정상에는 오 세브레이로O Cebreiro 마을이 둥지를 틀고 앉아 있었다. 저 멀리 보이는 산맥들과 높이를 나란히

갈리시아 지방으로 들어선다는 경계석에서 일행 전원이 기념촬영

하고 있는 해발 1,296m의 작은 마을은 아마도 산정의 강한 바람을 몹시 두려워했나 보다. 돌로 쌓아올린 벽은 둥근 형태를 유지했고 지붕은 최대한 낮게 짚으로 덮었다. 중세마을의 향기가 아직도 풋풋하게 유지된다.

알베르게에 도착할 때마다 결코 미뤄서는 안 되는 숙제가 우리를 기다린다. 빨래다. 단 두 벌의 옷을 교대로 갈아입어야 되기 때문에 그날의 빨래는 결코 미룰 수 없는 숙제가 되고 만다. 그냥 샤워장에서 조물조물 주물러 빠는 약간의 여유에도 감사하기만 하다. 그러나 아내는 빨래를 할 엄두조차 내지 못하고 곧바로 쓰러진다. 정희 씨는 이미 침대에 쓰러져 빈사상태다. 오 세브레이로에 도착한 뒤 알베르게가 문을 열 때까지 산꼭대기를 기습한 한파에 온전히 노출됐기 때문이다. 서둘러 손빨래를 했다. 셔츠에서 검은 물이 빠져나온다. 그럴 리가 없는데? 어제 세탁했는데 단 하루 만에 검은 땟물이 흐르다니…. 나중에 안 일이지만 좁은 세탁기에 많은 빨래를 밀어 넣다 보니 세탁기가 제대로 작동하지 못해 오히려 옷에 더러운 물이 스며든 경우가 많았다. 기계화된 문명이 좋은 것만은 아니다. 역시 빨래는 그냥 손으로 비벼 빠는 것이 좋다. 건조대에 빨래를 널자 서늘한 바람이 세차게 불어온다. 춥다. 그러나 빨래 하나는 제대로 마를 것 같다.

돌을 차곡차곡 쌓아 만든 산정의 소박한 성당! 그곳에는 하느님의 기적을 증거 하는 성배가 아직도 광채를 잃지 않고 반짝인다. 성배聖杯, the Holy Grail는 12세기에 만들어졌으며 성스러운 기적을 낳았다. 폭풍우가 몰아치던 어느 날 한 농부 순례자가 미사를 드리러 찾아왔다. 날이 궂어 그를 제외하고는 미사를 드리러 찾아온 신도가 하나도 없었다. 사제는 귀찮지만 하는 수 없이 미사를 올렸다. 사제가 빵과 포도주에 축성을 하는 순간 빵성체은 고기로, 포도주성혈는 피로 변했다. 한 농부 순례자의 순수한 영성이 기적을 일으킨 것이다. 기적이 일어난 지 700여 년이 흐른 지금도 성당에서는 빵과 포도주의 기적을 보관하고 있다. 그래서인지 순례자들은 카미노 여정 중 오 세브레이로를 가장 신비로운 장소로 여긴다.

오늘의 미사는 기적의 현장인 산타마리아 성당에서 거행되었다. 우리의 신부님도 제단에 올랐다. 푸른 제의를 입은 사제의 모습은 경건함을 불러일으켜 영성을 자극하기에 충분했다. 믿는 자나, 믿지 않는 자나 모두 엄숙한 표정으로 전례의식을 지켜본다. 신부님께서 나눠주는 성체를 받아 모시자 마음이 따뜻해져 옴을 느낀다. 미사 후 우리 일행은 기적의 성배와 성합 앞에 섰다. 붉은 천을 후광 삼아 성배와 성합이 그 모습을 온전히 내보인다. 예수의 성혈을 상징하듯 가슴에 와 닿는다. 벌써 아내와 연희 세실리아 · 은미 데레사는 촛불을 밝히고 고개 숙여 기도한다.

산타마리아 성당

미사

기적의 성배와 성합

오 세브레이로의 전통 집

산정山頂의 산타마리아 성당! 세찬 비바람과 눈보라에도 끄떡없이 자리를 지키고 있다. 높은 곳이기에 순례자들의 기도가 하느님께 더 빨리 전달되지 않을까? 아무쪼록 우리의 기도가 하늘까지 전해지기를….

순례자를 위한 기도문을 낭독하다

9. 25 목, 하루 종일 쾌청

오 세브레이로O Cebreiro - 3.1㎞ – 리냐레스Liñares - 1㎞ – 산 로케 언덕Alto de San Roque - 1.4㎞ – 오스피탈 데 라 콘데사Hospital de la Condesa - 3.1㎞ – 포이오 고개Alto do Poio - 3.5㎞ – 폰프리아Fonfría - 2.3㎞ – 비두에도Biduedo - 3.2㎞ – 비요발Villoval - 1㎞ – 아스 파산테스As Pasantes - 2.1㎞ – 트리아카스텔라Triacastela(총 20.7㎞)

여명의 찬란한 빛이 우리에게 비추기를 바랐다. 하지만 여명의 빛이 감돌 기미는 전혀 보이지 않았고, 대서양에서 불어오는 차가운 바람이 온몸을 감싸 안았다. 추위는 살갗을 파고들어 몸을 움츠리게 만든다. 오로지 걸어야 한다는 한줄기 염원도 희미한 길을 밝히지는 못했다. 그냥 터벅터벅 걸으며 어둠을 개척해 나아간다. 돌을 얹어 만든 리냐레스Liñares 마을의 성당 모습이 보일 때까지 길은 온전히 모습을 드러내지 않았다. 대서양에서 불어오는 바람이 차갑게 느껴지지 않을 정도로 몸이 달구어질 무렵 산 로케 언덕Alto de San Roque의 순례자 동상이 우리를 맞이한다. 애처로워 보이는 순례

순례자 동상 뒤로 아침 해가 떠오른다.

자 동상은 대서양에서 불어오는 거센 폭풍우와 눈보라 속에, 생사를 넘나들며 갈리시아의 산길을 걸어야 했던 순례자들을 대변해 주고 있는 듯, 풍상의 세월을 견뎌낸 흔적이 역력하다. 길 위에 던져져 자신과 끊임없이 싸워야 했던 순례자들에게 이 길은 영광과 환희의 길이자 곧 생명의 길이었다. 두 번째 이 길을 걷고 있는 나에게는 감회가 남다르다. 지난해 이곳에서 묵상을 하면서 다음에는 정신적 어려움을 극복하게 해준 이기수 요아킴 신부님을 모시고 오기로 결심했었다. 말로서는 무엇 하나 이루지 못한다. 행동이 뒤따르지 않는다면 말이다. 그러므로 모든 일에 있어 반드시 계획이 필요하지만 실천이 담보되지 않는다면 무용지물이나 다름없다. 나는 오늘 지난해의 계획과 바람을 실천하고 있으니 하느님과의 약속을 지킨 셈이다.

태양이 중천을 향해 달려갈 즈음, 황소 떼가 산길을 따라 황소걸음으로 순례자 사이를 비집고 지나간다. 어슬렁거리는 황소, 막대기를 들고 위협하듯 소리 지르며 따라가는 목동 아주머니, 흡사 우리의 시골마을 정경을 옮겨놓은 듯 닮아도 너무 많이 닮았다. 신부님은 위협적인 황소 뿔도 아랑곳하지 않는다. 떼 지어 걸어오는 황소 사이를 헤치며 당당하게 걸어간다. 그 뒤를 따라가는 은미 데레

산길을 걸어가는 황소 떼

사의 발걸음은 사뭇 조심스럽다. 행여 황소가 달려들지 않을까 하는 두려움 때문이리라. 황소 떼의 위협도 산티아고를 향해 나아가는 우리의 항해를 방해하지는 못한다.

신부님과 보조를 같이하며 걷는다. 스틱에서 울려나오는 '또각또각' 소리는 경쾌하기만 하다. 저 앞에 뭔지 모를 어색함으로 똘똘 뭉쳐진 한 할머니가 걷고 있다. 이전의 바bar에서 그녀에게 힘드냐고 물었더니 "허리에 약간의 장애를 갖고 있다"고 답변했었다. 그러한 사실을 모르는 신부님이 그 할머니가 장애인인지 금방 알아차리고는 한마디 한다.

"저 분은 장애인입니다. 그런데도 멀고 험난한 이 길을 끊임없이 걸어가고 있지요. 장애가 있는데도 말이죠. 아무도 도와주지 않는데 불평 한마디 없이 혼자서 가고 있는 모습을 보십시오. 그렇습니다. 장애인들은 주위에서 도와주지 않아도 묵묵히 제 갈 길을 가고 있어요. 주위의 편견만 없다면 완전한 인간으로서 그 본분을 다할 수 있다는 거죠. 그런데 중요한 점은 저렇게 홀로 가고 있는 장애인을 누군가 조금만 도와준다면 더 큰 힘을 낼 수 있다는 겁니다."

옳은 말이다. 대부분의 사제들은 장애인 복지사업 등 자신이 잘 모르는 분야인 특수사목은 일반적으로 등한시한다. 그리고 성당본당 신부가 되기를 원한다. 그러나 이기수 신부님은 본당 신부가 되기보다는 장애인을 위한 사업을 하고 싶어 하는 것 같았다. 사실

숲길

교구 내 자폐아 분야의 최고 권위자가 아닌가. 신부님의 염원이 이번 산티아고 순례를 통해서 이루어지기를 기원한다.

저만치 앞에 권 선배가 걷고 있다. 어느덧 우리는 나란히 걷는다. 권 선배는 신부님과 대화를 많이 했는지 나에게 천주교와 기독교에 대해 묻는다. 천주교도 기독교이고, 개신교도 기독교인데 왜 별개로 생각하는지 모르겠다. 나는 우선 기독교라는 용어에 대해 정확히 알아야 한다고 대답했다. 기독교基督教는 그리스도교Christianity를 한자로 표기한 것으로서 가톨릭, 정교회, 성공회, 신교 등 예수 그리스도를 섬기는 모든 종교를 통칭한다고 설명했다. 그러므로 신교 또는 개신교, Protestant 만을 기독교라고 말하는 것은 이치에 맞지 않다고 부연 설명하는 것도 잊지 않았다.

가톨릭과 정교회는 원래 하나였다. 로마제국이 동 · 서 로마로 분리된 이래 서로마가 멸망하게 된다. 동로마 제국은 콘스탄티노플 현 이스탄불 을 중심으로 동방교회로서 기독교의 정통성을 주장하게 되고, 로마 교황청은 구 서로마 제국을 중심으로 서방교회로서의 영향력을 확립하게 된다. 그러던 중 1054년 서로 파문 破門, excommunication 을 선언함으로써 동방 정교 동로마 중심 와 로마 가톨릭 구 서로마권 으로 분리된다. 정교회 Orthodox, 원형을 지킨다는 의미 는 그리스와 동유럽 그리고 러시아 등지로 퍼져나갔고, 로마 가톨릭 Catholic 은 서유럽을 중심으로 교세를 확장했다. 정교회와 가톨릭 분리의 요인은 네다섯 가지에 이르지만 그중 가장 중요한 요인은 성상 파괴령과 필리오케 filióque 논쟁이라고 할 수 있다.

서기 726년 동로마 제국의 황제 레오 3세는 성상 숭배를 종식시키기 위해 십자가를 제외한 모든 성상들을 철거하도록 명령했다. 이에 대해 로마 교황청의 그레고리 3세는 동방교회의 성상 파괴령 聖像破壞令 을 강력히 비난했다. 문자를 모르는 사람들에게 성상은 신앙의 필수적 요소였기 때문이다. 서기 800년 로마 교황청은 프랑크 왕국의 샤를마뉴 대제에게 신성로마제국의 황관 皇冠 을 씌워줌으로써 동로마 제국의 도움 없이도 독자적인 영향권을 확보할 수 있게 된다. 동로마 제국과 로마 교황청 사이의 성상 숭배와 관련

한 논쟁은 무려 140년간 지속되었다. 그러던 중 서기 842년 동로마 제국이 성상 숭배를 공인하게 되지만 이미 분열의 골은 깊어진 후였다.

성상 숭배와 더불어 필리오케filióque 논쟁은 정교회와 가톨릭이 분리되는 결정적 이유가 되었다. 서기 325년 니케아 공의회에서 니케아 신경信經이 제정된다. 그 뒤 콘스탄티노플 공의회381년에서는 콘스탄티노폴리스 신경이라는 이름으로 니케아 신경을 계승 발전시킨다. 이 내용을 기록한 동방교회의 그리스어 최초 문건에는 '성령은 성부로부터 발현한다'라고 규정돼 있었다. 그런데 서기 589년 서방교회에서는 제3차 톨레도 시노드Toledo Synod를 개최하고 에스파냐에 잔존하는 이단 아리우스파를 경계할 목적으로 니케아 신경을 라틴Latin어로 번역하기로 결정했다. 시노드Synod는 '세계 주교 대의원회의'로서 공의회보다는 낮은 단계로 시대별 현안을 논의하기 위해 열리는 회의이며, 여기에서 도출된 해결책을 공의회에서 확정한다. 그때 번역된 서방교회의 라틴어 문건에는 '성령은 성부로부터, 또한 성자로부터filióque 발현한다'라고 표기되었다. 동방교회는 '필리오케filióque'라는 문구를 서방교회가 임의로 삽입시켰다고 비난했다. 이에 대해 서방교회는 동방교회가 원문에서 '성자로부터filióque'라는 문구를 임의로 삭제했기 때문이라고 반박한다. 이 주장은 상호 평행선을 달린다. 그러던 중 로마 서방교회의 움베르토 추기경이 교황 레오 9세의 특사로서 콘스탄티노플의 동방교회

산동네의 조그만 성당

를 방문했다. 교황 레오 9세는 움베르토 추기경을 통해 동방교회에 '세계 총대주교' 칭호를 폐기할 것과, 필리오케filióque가 들어간 신경을 공식 채택해 줄 것을 요구하였다. 동방교회의 미카엘 총대주교는 움베르토 추기경을 수개월 동안 만나주지 않았다. 그러는 사이 로마의 교황이 선종한다. 이에 분개한 움베르토 추기경은 교황의 이름으로 미카엘 총대주교 등 동방교회에 대한 파문장破門章을 소피아 대성당의 성좌에 내던지고 되돌아갔다. 동방교회의 미카엘 총대주교도 서방교회에 대해 파문을 선언했다. 이로써 1054년 동·서 교회는 동방 정교회와 로마 가톨릭교회로 완전히 분리된다.

또한 16세기에 이르러 비텐베르크 대학의 주임신부였던 마르틴 루터가 가톨릭에 반발하는 95개조의 반박문을 발표함으로써 종교분열의 신호탄이 되었다. 그 후 쯔빙글리와 칼뱅 등에 의해 구교舊教인 가톨릭에 저항한다는 뜻의 프로테스탄티즘Protestantism이 탄생한다. 이를 신교新教, Protestant라 부른다. 이와 더불어 영국에서는 헨리 8세가 왕비 캐서린과 이혼하고 앤 볼레인과 재혼하려는데 교황청에서 이혼을 반대하자 독자적으로 성공회Anglican Church를 결성하였다. 이로써 기독교는 가톨릭, 정교회, 성공회, 신교 등으로 나누어지게 되었다.

산등성이 한켠에 붉은 포도알을 주렁주렁 매단 포도나무가 배고픈 순례자들을 유혹한다. 라 리오하 지방과 나바라 지방이 주산지인 에스파냐의 포도 경작지는 무려 115만 헥타르 정도로 세계에서 가장 넓은 규모를 자랑한다. 하지만 와인생산량은 세계 3위이다. 예수께서 성찬례를 제정한 이후 지극히 기독교적인 음료로 변모한 와인은 더위에 지친 순례자들의 갈증을 해소하기에 더없이 좋은 음료다. 사실상 18세기까지 와인은 알코올이 함유되지 않은 순수한 음료로 생각해 왔다. 물론 나중에 알코올이 함유된 것을 알게 된 이후 논쟁이 많았지만.

갈리시아의 날씨는 종잡을 수 없다지만 오늘만큼은 뜨거운 햇살이 지속적으로 목덜미를 따갑게 파고든다. 이 더위를 극복하기가 점차 힘들어진다. 결국은 강렬한 태양에 무릎을 꿇고 만다. 일행 중 한 자매의 발걸음이 갈수록 무뎌졌기 때문이다. 은미 데레사가 점차 몸살의 고통을 호소한다. 계속 걷기가 힘든 모양이다. 가파른 내리막길의 하중이 오르막보다 더하기에 그녀의 기운이 더욱 고갈

트리아카스텔라 마을 입구

되어 가는 것이다. 그렇지 않아도 그녀는 어젯밤부터 몸살기가 있어 고생했는데…. 그러나 지금의 고통은 한순간이다. 이 고통을 넘어서야 진정 자신이 원하는 것을 얻을 수 있다. 그것을 원한다면 힘을 내어 나아가야 한다. 그녀는 중도 포기하지 않았다. 용기를 내어 전진하였다. 알베르게에 도착하자 그녀는 샤워라는 최고의 유혹도 마다한 채 침대에 쓰러져 버렸다. 사실 하루 종일 걸은 순례자에게 샤워와 빨래는 그 무엇과도 바꾸지 못할 여유로움과 감사함인데도 말이다.

카미노길에는 순례자들 사이의 결속과 나눔이 존재한다. 각박한 세상살이에 좀처럼 찾아보기 힘든 인간미가 배어 있다. 한 번 만난 사람들과는 어느 곳에서 다시 만나든 다정하게 얘기한다. '어디 아픈 곳은 없느냐? 괜찮으냐?'라는 안부의 말과 더불어 서로를 격려하는 포옹을 거리낌 없이 나눈다. 뭔지 모를 결속감이 순례자들을 묶어두기 때문이다. 나는 원래 순자荀子, BC 300~BC 230의 성악설性惡說을 믿어왔고 지금도 그렇게 생각한다. 하지만 카미노에서만큼은 맹자孟子, BC 371~BC 289의 성선설性善說이 나의 가슴에 와 닿는다. 길 위에서만큼은 시기도, 질투도, 모략도 없기 때문이다. 순례자들 간에 배려와 나눔과 사랑이 끈끈하게 연결되어 있다. 카미노는 사람의 본성이 원래 착하다는 성선설을 증명해 준다. 그러나 도시의 번잡함 속으로 발을 내딛는 순간 생각이 바뀐다, 역시 인간은 악하다고. 도시의 삶에도 순례길의 나눔과 배려, 한가함과 여유로움이 깊게 스며들어 모든 사람들이 선하게 살기를 바라본다.

아내와 정희 · 향이 씨는 먼저 도착하여 음식을 준비해 놓았다. 고갈된 체력을 보충하는 데는 먹는 것만큼 중요한 것이 없다. 모처럼 알베르게 앞마당에서 손빨래를 하고 여유롭게 그늘진 의자에 앉아 책을 보며 한가한 시간을 보낸다. 샤워 후의 개운함과 빨래 후의 후련함이 동시에 나의 가슴을 가득 메운다. 만족스럽다. 그리고 여유롭다. 매일이 오늘 같았으면 좋겠다. 더더군다나 좋은 점은 오늘 우리가 묵는 알베르게는 방이 따로따로 구분되어 있어 오로지 우리 일행만이 한 방을 이용하게 되었다는 것이다. 하느님 감사합니다!

저녁 6시 성당의 미사에 참례했다. 산티아고 로만시아 성당 제대 중앙에는 산티아고성 야고보 상이 조각되어 있었다. 신부님은 한사코 일반 신도석에 앉아 미사를 드리겠다고 한다. 미사를 집전하는 에스파냐 신부의 코믹한 진행에 순례자들의 웃음이 끊이지 않는다. 그런데 문제가 생겼다. 미사 말미에 에스파냐어, 영어, 독일어, 한국어로 순례자를 위한 기도를 하도록 했는데, 자원하여 제대에 올라선 나의 눈이 문제였다. 노안老眼 때문에 한글로 작성된 글씨가 잘 보이지 않는 것이었다. 게다가 다른 나라 언어는 크게 타이핑한 문자였던 반면, 한국어 기도문은 누군가가 깨알같이 적어놓은 손글씨였던 것이다. 오십이 넘어 근시를 교정하기 위해 라섹 수술을 했던지라 가까운 문자는 전혀 보이지 않았다. 각국의 대표가 돌아가며 기도문을 읽는데 공교롭게도 내가 처음으로 낭독하게 되었

산티아고 로만시아 성당

다. 글씨를 자세히 들여다볼 시간도 없이 다급하게 기도문을 집어 들었는데 보이는 글자라고는 '순례자를 위한 기도'와 '아멘'뿐이었다. 그냥 글자의 형태를 보고 기도문을 꿰어 맞추듯 나름대로 읽어 나갔다. 그래도 나의 입에서 쏟아낸 내용만큼은 순례자를 위한 제대로 된 기도였다. 미사가 끝난 뒤 신부님에게 고해성사를 하겠다고 말했다. 그리고 기도문에 적혀진 대로 읽지 않았다고 말하자 신부님은 "괜찮다"고 말하며 웃는다. 이날 미사에서 백화진 씨 부부와 신문주 양을 다시 만났다. 순례길에서의 만남은 이어지고 또 이어진다.

트리아카스텔라 마을 초입의 집

순례자의 눈물을 닦아주소서

9. 26 금, 하루 종일 살인적 햇살

트리아카스텔라Triacastela - 5.7㎞ – 산 크리스토보San Cristobo - 2.5㎞ – 렌체Renche - 3.5㎞ – 사모스Samos - 5.0㎞ – 알데아 데 압바호 Aldea de Abajo - 8.3㎞ – 사리아Sarria(총 25㎞)

어젯밤 권 선배와 나는 두 갈래의 순례루트를 두고 많은 고민을 했었다. 결론은 길이 험하지 않고 원시 자연의 풍미를 그대로 느낄 수 있는 사모스 루트를 택하기로 했다. 사모스Samos 루트는 산실San Xil 루트보다 6.5㎞ 더 길지만 아름다운 강물을 따라 깊은 고요의 숲으로 들어갈 수 있는 이점이 있는 곳이기 때문이었다. 아침 일찍 출발한 우리 일행은 마을 어귀의 한 바bar 앞에서 잠시 멈칫했다. 동장군의 선발대가 오감을 자극했기 때문이다. 추위를 차단하기 위해 바람막이용 옷을 입는데 앞에서 미숙 씨가 무릎보호대를 착용하고 있다. 속도의 질주는 약간의 멈춤도 허락하지 않는다. 일행과는 벌써 200m가량 떨어졌다. 아직도 어둠의 장막은 걷힐 기미가 없다. 미숙 씨가 잠시의 멈춤을 끝내고 다시 속도의 질주 속으로 발을 내딛는다. 몇 분이 흐른 뒤 나도 발걸음을 재촉했다. 그런데 산실 루트와 사모스 루트가 갈라지는 삼거리에 이르자 일행과 떨어졌던 미숙 씨가 어느 곳으로 갔는지 알 길이 없다. 90%의 순례자들은 거리가 짧은 산실 루트를 택해 걷는다. 아무 생각 없이 미숙 씨가 앞서 걷던 순례자의 뒷모습을 좇아 산실 루트로 갔을 거라는 생각이 들었다. 마음이 급해진 나는 무거운 배낭을 맨 채 산실 루트로 뛰어갔다. 3팀을 추월했는데도 미숙 씨의 모습이 시야에 들어오지 않는다. 그때서야 한숨 돌리고 다시 거꾸로 방향을 바꿔 우리 일행이 걸어갔을 사모스 루트로 뛰기 시작했다. 사실 순례자가 오던 길을 거슬러 뛴다는 것은 상상조차 할 수 없을 정도로 힘든 일이다. 하지만 어찌하랴! 일행을 책임진 나로서는 피할 수 없는 일이다. 다시 삼거리로 돌아와 사모스 루트 쪽으로 마구 내달린다. 겨우 일행을 따라잡고 바로 인원 점검에 들어갔다. 권 선배는 알베르게를 예약하기 위해 일행보다 먼저 출발했다. 우리 일행 10명의 침대를 한꺼번에 배정받는 것이 항상 문제였기 때문이다. 인원점검 결과 권 선배를 제외하고 총 9명이다. 그중에는 미숙 씨도 포함되어 있다. 숨이 턱까지 차올랐지만 그래도 다행이다. 안도의 한숨이 절로 나온다.

오리비오 강가에 위치한 자그마한 아름다운 마을 산 크리스토보 San Cristobo. 울창한 밤나무 숲으로 뒤덮인 수정같이 맑은 물가에 빨

사모스로 가는 방향을 알려주는 노란 화살표

성당 마당에서 휴식 중인 순례자

래터처럼 보이는 조그만 움막 쉼터가 한결 운치를 더해준다. 쉬어 가고 싶은 마음이 발길을 붙잡지만, 구불구불 이어지는 오솔길의 유혹이 더 강렬하다. 인간의 손길이 닿지 않은 듯 태곳적 신비감마저 감도는 원시림의 터널을 따라 순례의 행렬이 이어진다. 군데군데 비집고 앉아 우리를 기다릴 것 같은 바bar는 어디에도 없다. 아무것도 더하거나 꾸미지 않은 자연 그대로의 아름다움이 순례자들을 기다리고 있을 뿐이다. 걷는 내내 깊은 숨을 들이쉰다. 길 위의 하얀 성당에 무작정 걸터앉아 단체로 휴식을 취한다. 과일을 꺼내 먹으며 피로감을 달래보지만 쉽사리 원기가 회복되지 않는 듯 마냥 앉아 있고 싶어진다. 벌떡 일어나 "출발"을 외치며 순례길에 다시 오르기를 독촉했다. 오리비오 강을 따라가는 오솔길 주변 아담한 마을에 이따금 성당이 나타났다. 문을 닫은 성당이 대부분이지만 그곳 정원에는 어김없이 공동묘지가 들어서 있다. 일반적으로 에스파냐의 시골 성당은 공동묘지를 끼고 있는 경우가 허다하다. 이곳 에스파냐는 가톨릭 신앙이 저변에 깔려 있어 죽음을 부활로 상쇄한다. 그래서 성당 주변 사람들도 무덤을 전혀 무서워하지 않고 산 자와 죽은 자가 공생하듯 평화로운 일상을 즐긴다. 망자들도 외롭지 않으리니….

햇빛이 잘 들지 않을 정도로 나무들이 빽빽한 숲길은 더없이 상

사모스에 도착하기 전 터널을 통과해야 한다.

사모스의 베네딕트 수도원

쾌하다. 하지만 터널을 앞두고 언덕길을 오르는 일은 상쾌함을 날려버릴 정도의 고통이 뒤따른다. 자신과의 싸움에서 이겨야만 이곳을 오를 수 있으리라. 터널을 지나친 언덕의 한 지점, 눈 아래로 펼쳐지는 거대한 수도원의 모습은 순례자들의 눈을 번쩍 뜨게 만든다. 사모스Samos에 도착한 것이다. 계곡에 위치한 아름다운 수도원을 울창한 숲이 감싸 안고 있다. 이곳의 수사들은 보이는 곳이라고는 오로지 하늘뿐이라 기도와 묵상에만 전념할 수 있었을 것이다. 영성을 기르는 데는 적지이리라. 이곳 수도원은 중세 때부터 수사들이 그레고리안 성가를 부르며 미사를 드렸던 곳이다. 에스파냐에서 가장 오래된 수도원 중의 한 곳인 베네딕트 수도원에서의 체험이 요구됐으나 속도의 중압감을 떨쳐내지 못하고 발길을 재촉한다. 할 수 있는 일이라고는 오로지 걷는 것뿐. 산 아래로 내려가니 수도원 옆의 바bar에서 아줌마 부대가 신부님과 나를 기다리고 있다. 순례자들의 작은 쉼터 바bar! 그곳에서 순례자들은 갈증과 허기를 달래고 반드시 볼일도 봐야 한다. 끝없이 펼쳐진 순례길에는 공중화장실이 한 곳도 없기에.

길가에 도토리가 즐비하게 떨어져 있다. 도토리묵을 쑤어먹으면 좋으련만…. 몸이 지치고 힘들 때면 먹는 생각이 간절해진다. 하지만 아무도 도토리를 줍지 않는다. 조금의 무게가 더해져도 고통은 배로 증가하기 때문이다. 그때 신부님께서 땅바닥에 흩어져 있는 도토리를 바라보며 "다람쥐 같은 동물들도 먹고 살아야죠. 줍지 않고 그대로 놔두는 것이 동물을 배려하고 자연도 보존하는 길이 될 겁니다"라고 말한다. 그렇지! 동물들도 먹고 살 것이 있어야지. 인간 배 부르자고 동물 배고프게 할 수는 없지 않은가. 카미노에서는 인간뿐만 아니라 동물까지도 배려하는 넉넉한 나눔의 여유를 갖게 된다.

오르락내리락 낮은 경사 길을 굽이쳐 돌아간다. 하지만 사리아Sarria는 찾을 수 없는 머나먼 샹그리라Shangri-La처럼 결코 시야에 들어오지 않는다. 휴식이 필요한 시간이 됐다. 하지만 쉴 만한 바bar가 없다. 다들 지칠 대로 지쳐 거의 쓰러질 즈음 바bar가 등장했다. 산실 루트와 사모스 루트가 만나는 곳이다. 꿀맛 같은 휴식은 찰나

사리아 구 시가지로 향하는 고난의 계단

의 시간으로 흘러버린다. 뜨거운 햇볕과 사투를 벌이는 정희 · 향이 씨가 내내 뒤로 처진다. 그녀들은 한적한 농로를 따라 달리는 차를 세우고 스스로 히치하이커hitchhiker가 되기도 했지만 오늘 여정의 종착지인 사리아는 고사하고 고작 1~2㎞를 가는 데 그쳤다. 운전자가 자신의 집 근처에 내려줬기 때문이다. 바bar에서 나와 다시 걷기 시작한 그녀들이 걱정이 되어 도무지 앞으로 나갈 수가 없다. 반면 연희 · 진경 · 미숙 씨는 씩씩하게 걷는다. 그 뒤를 이어 이은미 데레사가 모든 고통을 감내하며 묵묵히 걷고 있다. 그녀는 이따금 십자성호를 그으며 고통을 참아낸다. 어제부터 몸살이 그녀의 발길을 붙잡았지만 결코 굴복하지 않았다. 드디어 사리아의 중세풍 건물이 즐비한 언덕에 들어선다. 태산처럼 높아 보이는 계단이 우리를 맞이하고 있다. 오르기도 전에 지쳐버렸다. 하지만 이은상 시인의 말처럼 고지가 바로 저긴데 예서 말 수는 없지 않은가. 그녀들은 천근만근 무거운 발을 한 발 두 발 계단 위로 들어올린다. 권 선배가 빠른 걸음으로 먼저 도착하여 알베르게를 예약하고 우리를 기다린다. 오늘은 정말이지 기나긴 여정이었다.

우리가 점심식사를 했었던가? 슬슬 배가 고파진다. 신부님과 권 선배, 그리고 나는 한적한 바bar의 노천의자에 앉았다. 간단한 샌드위치와 콜라로 허기를 대충 메운다. 곁에는 에스파냐의 노인들이 왁자지껄하게 대화를 나누고 있다. 에스파냐에서의 바bar는 제2의 카사Casa, 집라 불릴 정도로 마을 사람들이 자주 찾는 곳이다. 바에서 보내는 오후는 한가하고 여유롭다.

저녁 6시 30분 우리가 묵는 알베르게 뒤뜰에 소박한 제대祭臺가 차려졌다. 그동안 매번 만나고 헤어지기를 반복하던 백화진 씨 가족이 함께했다. 야외에서 행하는 미사는 색다른 맛이 있다. 하지만 우리의 벤치 옆에 앉아 있던 프랑스 할머니의 전화 수다는 미사를 방해하기에 충분했다. 그래도 신부님은 개의치 않고 미사를 진행한다. 미사 도중 백화진 씨 부부가 눈물을 보인다. 그의 아내가 먼저 눈물을 흘리자 그도 눈시울을 적신다. 무슨 사연이 있길래…. 백화진 씨 가족에게 하느님의 은총이 함께하기를 간절히 바란다. 하느님! 눈물을 흘리는 순례자의 간절한 염원을 들어주소서.

알베르게 뒤뜰에서 드리는 미사

신부님께서는 백화진 씨 가족에게 각별하다. 폰페라다에서 처음 만난 이래 계속 그들을 위해 기도했기 때문이다. 신부님은 우리에게 말했다.

"백 선생님은 이미 가족들에게 큰 사랑을 베풀었습니다. 모든 가족을 대동하고 어려운 가운데 순례를 계속하고 있으니, 가족들도 그의 마음을 온전히 알고 있을 겁니다. 이것은 가족 간 사랑의 표시이자 배려의 마음입니다. 그런 면에서 저 가족은 이미 하느님의 축복을 받았다고 생각됩니다."

도토리가 천지인 순례길 주변

사람은 믿음의 대상이 아니다

9. 27 토, 하루 종일 맑고 더운 날씨가 지속됨

사리아Sarria - 4.5㎞ – 바르바델로Barbadelo - 8.5㎞ –
페레이로스Ferreiros - 9.5㎞ – 포르토마린Portomarín(총 22.5㎞)

땅에 드리워진 안개 위로 태양이 슬며시 고개를 내민다. 걷는다는 것은 고통이다. 물집, 발바닥 통증, 무릎 저림 등과 끊임없이 싸우는 이들의 고통은 십자군 원정을 상기시킨다. 예루살렘까지 말과 수레를 끌고 머나먼 길을 걸어야 했던 십자군 원정길의 고통은 어떠했을까? 어둠의 장막이 걷히고 태양의 기운이 등 뒤로 느껴질 즈음, 길 위에 던져진 채 자신과의 투쟁을 계속하던 순례자들은 의기양양한 태도로 태양을 배경삼아 기념촬영을 시도한다.

떠오른 태양이 몸의 열기를 가속시켜 순례자의 겉옷을 벗어젖히게 만든다. 아직 데워지지 않은 차가운 밤바람이 살갗을 파고든다. 겉옷을 다시 입을까? 일단 벗은 옷을 다시 입으려면 멈춰서야 하고, 그러면 속도의 경쟁에서 뒤처지기 마련, 그냥 걷자. 새벽 추

태양을 배경삼아 한 컷

위에 대한 걱정도 잠시뿐 태양의 열기가 체온을 추월해 버렸다. 이제 참기 어려울 만큼 덥다. 더위 속의 행군은 몸의 탈진을 불러내지만 마음은 행복하다. 내가 걸을 수 있다는 사실로 위안을 받는다. 오늘 행군에는 향이 씨와 은미 데레사가 제외됐다. 향이 씨는 발바닥의 물집이 재발하여 걸을 수가 없었고, 은미 씨는 몸살이 극에 달했을 것으로 추정되어 오늘의 구간을 건너뛰도록 했다. 택시를 불러 25유로를 주고 포르토마린Portomarín까지 그녀들이 안전하게 가도록 조치를 했다. 오늘은 산티아고까지 100㎞ 남았다는 표지석을 통과할 터인데 그녀들은 그곳에서 인증 샷을 찍지 못하리라. 나중에 안 일이지만 이날 은미 데레사는 택시 타기를 원치 않았다고 한다. 하지만 몸 상태가 열악해진 자신을 지명해 택시를 타도록 했고, 자신이 걷기를 고집한다면 향이 씨가 혼자 갈 수밖에 없어 그냥 인솔자의 말을 따르기로 했다는 것이다. 천국에 가는 지름길은 남을 위해 자기를 희생sacrifice하는 것이다. 예수께서도 십자가에 못 박히심으로 자신을 희생하여 인류를 구원하셨다. 그만큼 자신의 희생은 중요하다. 은미 씨의 희생정신으로 나중에 우리 모두가 성찬을 즐길 수 있었으니 그녀는 그만큼 천국에 가까이 다가갔으리라.

오늘은 권 선배가 한가롭게 걷는다. 이전에는 알베르게 확보 전쟁에서 자유롭지 못해 항상 빠른 걸음으로 하루 여정의 종착지까지 미리 달려갔었다. 그 덕에 우리들은 편안한 잠자리에서 꿈결 같은 여유로움을 즐길 수 있었다. 하지만 오늘은 미리 예약을 해놓은 알베르게로 은미 데레사와 향이 씨가 택시 편으로 먼저 갔기 때문에 한결 여유로웠다. 맨 앞에서 연희 씨가 달려가듯 종종걸음으로 우리를 인도한다. 그녀는 알베르게에 도착해서도 솔선수범한다. 우리 일행은 모두가 역할분담을 잘 하고 있어 아름답다. 3명 이상의 단체가 움직이면 분파가 일어나기 마련인데 우리는 그런 일이 없어 좋다. 산티아고까지 100㎞를 남겨놓은 지점에 도착했다. 표지석에 낙서가 너무 많다. 표지석을 중심으로 일사불란하게 기념촬영을 했지만 두 사람이 없어 아쉽다. 산티아고까지는 이제 100㎞

산티아고까지 100㎞가 남았다는 표지석에서

남았다. 처음 시작할 때는 '이 많은 사람을 이끌고 어떻게 순례를 해야 하나' 하며 걱정했었는데, 지금 남은 거리는 우리가 걸어온 거리보다 훨씬 짧다. 순례여정을 처음 시작할 때보다 샤워와 빨래에 노하우know-how가 쌓여가고, 불편하기만 하던 알베르게 생활도 점차 익숙해져 간다. 하지만 발에서 전해지는 고통만큼은 결코 익숙해지지 않는다.

이기수 신부님께서 발의 통증으로 고통스러워하는 순례자들에게 한 말씀 하신다.

"대부분의 사람들은 예수께서 신God이라면 구름 타고 내려오지 왜 굳이 인간의 몸을 통해 인간으로서 세상에 왔느냐는 얘기를 하곤 합니다. 예수께서는 인간의 생활과 고통을 몸소 체험하심으로써 인간의 고난을 이해하신 분입니다. 그리고 인간을 대속代贖하셨습니다. 예수께서 십자가에 못 박히심으로 인간의 고통을 느끼셨을 겁니다. 오늘의 발바닥 고통을 예수님의 고통에 견주어 묵상해 보세요. 아마 훨씬 고통이 완화될 겁니다."

하기야 예수께서도 세례자 요한으로부터 세례를 받은 후 40일 동안 광야를 온전히 두 발로 헤매었다. 그때 예수께서는 인간의 고통을 충분히 경험하며 두 발로 걷는 괴로움을 이해했을 것이다. 그러니 신의 향기를 좇아 걸어가는 순례자들에게 예수 그리스도의 은총이 어찌 아니 내리겠는가! 다들 고통이 완화됐는지 열심히 걷는다. 하지만 목표로 삼았던 포르토마린은 좀처럼 다가오지 않는다. 태양열에 녹초가 된 우리들의 발은 무겁디무겁다. 산굽이를 돌아 포르토마린Portomarín이 시야에 들어온다. 하지만 아직도 갈 길은 멀다. 급격한 내리막길의 팍팍한 아스팔트길을 한 노부부가 걸어간다. 할머니는 관절이 좋지 않은지 속도를 내지 못한다. 되지도 않는 토막 에스파냐어로 곱게 늙으신 노부부에게 말을 건넸다. 할아버지는 남부의 안달루시아에서 왔단다. 그리고 부부가 함께 순례길을 걷는다고 말했다. 너무도 순수해 보이는 할아버지는 우리가 한국에서 왔다는 말을 듣고 "동양인 중 한국인 순례자들이 가장 많은 걸 보니 한국인들의 신심이 너무도 지극한 것 같다"고 말한

포르토마린 입구

다. 사실은 그게 아니라 대부분의 한국인들은 신앙적 순례보다는 인생의 순례라는 이름하에 또는 걷기열풍에 떠밀려 걷는데…. 씁쓸한 기분이 들어 아무 말도 하지 않았다. 그때 뒤처져 걸어오던 정희 씨가 한마디 한다. "우리나라 70대 노인들 같으면 몸이 아프다며 그저 방에 틀어박혀 지내거나 집 주변만을 배회하는데, 이곳의 노인들은 힘이 닿는 한 순례를 하며 씩씩하게 사는 모습이 우리나라의 노인네들과 다르다"라고.

미뇨Miño 강의 교각이 여느 때보다 우뚝 서 있다. 강물이 줄어들어 바닥까지 훤히 보이기 때문에 상대적으로 교각이 높아져서다. 수심이 낮은 강 주위로 폐허가 된 건물의 잔해가 온전히 몸을 드러내며 옛 모습을 자랑한다. 과거 중세의 순례자들이 건너갔을 부서진 교각이 아직도 로마의 체취를 간직하고 있다. 로마는 전략적으로 중요한 미뇨 강변에 마을과 교량을 건설했다. 로마가 건설한 이 마을은 1966년 저수지가 건설되면서 수몰되어 좀 더 높은 지형으로 이전되었다. 우리가 오늘 여정의 종착지로 삼은 포르토마린은 새로이 건설된 마을이라 옛 마을에서 해체 이전된 대성당 등 몇몇 건물을 제외하고는 현대적 냄새가 물씬 풍기는 건물들로 빼곡히 들어차 있다.

포르토마린 대성당

알베르게에 도착하자 입이 딱 벌어진다. 돼지고기 수육, 현지식 김치와 해물찌개가 구비된 진수성찬이 우리를 기다린다. 택시로 먼저 도착한 은미 · 향이 씨가 점심을 준비해 놓고 우리 일행을 목 빠지게 기다리고 있었기 때문이다. 난생처음 먹어보는 음식인 양 허겁지겁 배를 채운다. 배가 부르니 저절로 눈이 감긴다. 하지만 무엇보다도 미룰 수 없는 숙제를 해결해야 했다. 샤워와 빨래다. 샤워를 마친 우리는 알베르게 옆 바bar에 앉아 콜라와 커피로 갈증을 해소했다. 힘들게 걷다가도 바에 들러 한 잔의 커피를 마실 때면 저절로 만족이 찾아든다. 따스한 커피의 기운이 목을 타고 수직 하강할 때 비로소 내가 살아있음을 느낀다. 커피 한 잔의 여유는 도시생활에서 결코 느껴본 적이 없는 신선한 행복이다. 짧디짧은 휴식의 아쉬움도 크나큰 만족과 여유로움으로 대체된다. 그만큼 순례는 정신적 성숙을 선물한다. 그동안 초인적 힘을 발휘해 선두로 걷던 신부님은 발이 아픈지 발목을 매만진다.

저녁 6시 알베르게 식당에서 특전미사가 봉헌된다. 신도라고는 고작 4명뿐이지만 대성당에서의 미사가 부럽지 않다. "두 아들을 가진 아버지가 포도밭에서 일하도록 하였다. 그러나 맏아들은 일하기 싫다고 하고서도 마음을 바꿔 포도밭에서 일했다. 그러나 둘째는 일하겠다고 즉시 대답하고서도 포도밭에서 일하지 않았다" 라는 마태오복음의 두 아

특전미사

들 비유에서처럼, 우리는 말보다 실천이 중요하며 특히 하느님의 뜻에 따라 순명順命하며 살아야 한다는 내용이 가슴에 와 닿는다. 우리 주변에는 말은 곧잘 하면서도 실천을 등한시하는 사람이 있는 반면, 말보다 실천을 중시하는 사람도 있다. 우리 일행들은 최소한 순례길에서만큼은 서로의 역할분담을 통해 실천을 생활화하고 있으니 얼마나 감미로운가! 특전미사는 은혜롭고 교훈적이었다.

카미노는 꿈과 현실 사이에서 방황하는 인생이라는 과제를 놓고 생각에 빠져들게 만든다. 특전미사가 끝나자 홀로 상념에 사로잡힌다. 오랜 직장생활을 마치고 전에 비해 상당히 작은 집단, 여유로운 공간 그리고 자유로운 조직으로 생각되는 곳, 그곳으로 뛰어들었다. 학문을 추구하는 곳만큼은 순수하리라는 생각에서였다. 그러나 좁은 울타리 안의 사람들이 정직하고 성실할 것이라는 나의 예상은 비참하리만치 처참하게 깨져버렸다. 자신을 정당화시키려고 남을 해害하는 사람들이 적잖다는 데 놀랐다. 실력 쌓기는 등한시하며 선한 일은 결코 행하지 않고, 자신의 비행을 감추려고 입으로만 그럴싸하게 거짓 포장을 한다. 세상이 험난하다는 것을 그때서야 느꼈다. 걷는 동안 신부님과도 이 주제에 대해 이야기했다. 종교적 관점에서 '사람은 사랑의 대상일 뿐 믿음의 대상이 아니다'라는 생각이 든다. 예수께서도 인간을 사랑하신 것은 분명하지만 과연 죄악에 물든 사람들까지도 믿어 줬을까? 중상모략과 거짓으로 점철된 인생을 살고 있는 그들이 이제 불쌍하게 여겨진다. 바깥 세상이 험하다고는 하지만 순례길에서 만나고 헤어지는 사람들은 얼마나 순수한가. 그런 길을 걷는 나는 행복하다. 오히려 울타리를 벗어난 세계가 더 안전하다. 이제 더러운 인간관계의 속박에서 벗어나 자유롭고 싶다. 마냥 떠나가고 싶다. 돌아가면 속박을 박차고 뛰어나와 나 자신을 찾는 순례를 계속하리라.

지친 순례자를 유혹했던 마을을 지나가다

9. 28 일, 쾌청

포르토마린Portomarin - 8.5㎞ – 곤사르Gonzar - 8.5㎞ –
리곤데Ligonde - 8.5㎞ – 팔라스 데 레이Palas de Rei(총 25.5㎞)
(팔라스 데 레이Palas de Rei에서 아르수아Arzúa까지 30.5㎞를 버스로 점프)

지난해 봄, 산티아고 순례를 시작할 때 소형 랜턴을 준비했었다. 하지만 태양은 매번 우리의 출발보다 빨리 떴다. 랜턴이 필요 없었다는 얘기다. 그러나 금년 순례는 가을이다. 게으른 태양은 순례자를 추월하지 못하고 뒤늦게 추격을 시작한다. 캄캄한 어둠 속 나무숲 터널을 통과한다. 가뜩이나 어두운데 나무까지 울창하게 우거져 칠흑의 베일에 휩싸인다. 순례자들의 발길은 더듬더듬 평평한 곳을 찾아 헤맨다. 잠시 걸음을 멈추고 배낭을 땅에 내려놓았다. 배낭에서 랜턴을 찾아 들고 불을 밝혔지만 부지런한 순례자는 저만치 멀리 가버렸다. 덩그러니 혼자 남겨진 채 숲길을 조심조심 헤쳐 나간다. 모든 순례자들은 속도速度라는 쾌속 열차에서 하차할 줄

곡물저장고인 오레오가 주택 뒤편에 보인다.

을 모른다. 랜턴을 찾을 동안 좀 기다려 줬으면 좋았을 텐데 빛도 없는 어둠의 터널을 그들은 그냥 질주해 버렸다. 산 안토니오 언덕 Alto San Antonio의 빽빽한 숲길이 끝나고 10여 분을 더 걸은 뒤에야 아내와 일행을 따라잡았다.

산티아고까지 70㎞ 남짓 남겨둔 리곤데Ligonde 마을에 도착하자 배낭의 하중이 무릎에 직접 전달된다. 점차 발걸음이 무거워지기 시작한다. 여로에 지친 순례자들이 이쯤 되면 편안한 휴식과 달콤한 쾌락을 탐하고 싶었을 것이다. 그도 그럴 것이 이곳은 중세의 매춘부들이 순례자들을 유혹하기로 유명했던 홍등가紅燈街였기 때문이다.

중세에는 영주들이 소유한 토지 안에 살면서 농사를 짓던 농노제農奴制가 유행하였다. 이들 농노들은 자신들이 경작하는 농지에 구속되었으며, 신체적으로나 정신적으로나 영주들에게 귀속되어 있었다. 또한 이들은 전시戰時에 동원되어 영주를 위해 싸우기도 했다. 잦은 전투는 농노들의 징집을 필요로 했으며, 심지어 그들의 목숨까지 앗아갔다. 이로 인해 많은 농민의 아내와 딸들이 남편과 아버지를 잃고 유랑하게 되었다. 다른 생존수단을 찾지 못한 그들은 오로지 매춘을 통해 생계를 유지할 수밖에 없었다. 매춘은 점차 확대되어 갔다. 중세 초 십자군 원정에서도 심지어 수천 명의 매춘 여성들이 그리스도교 군대와 함께 성지를 순례하며 몸을 팔았던 것으로 알려졌다. 잦은 십자군 원정이 미망인들의 수를 증가시켜 매춘이 더욱 성행하도록 악순환의 고리를 만들었을 가능성을 배제하기 어렵다.

유럽인들의 산티아고 순례가 한창이던 13세기 초, 교황 인노켄티우스 3세에 이어 그레고리우스 9세는 사랑과 애정이 없는 매춘은 무의미한 것이라며 그리스도인들에게 창녀를 갱생시키도록 독려했다. 하지만 아무 자본 없이 쉽게 돈을 벌 수 있는 매춘이 사라질 리 없었다. 카스티야 왕국의 알폰소 9세도 매춘 자체를 불법으로 규정하지는 않았지만 매춘을 강요하는 남편, 포주, 기둥서방 등은 처벌하도록 법을 만들었다. 제3자가 여성을 매춘에 이용하지 못하도록 한 것이다. 그러나 여성의 자발적인 매춘은 규제하지 않았다. 그러니 법의 효과는 미미할 수밖에 없었다. 당시 파리Paris에서는 매춘부들이 '마리아 막달레나'를 자신들의 수호성인으로 삼아 몸을 활용한 상업 활동을 극대화시켜 나가기도 하였다.

특히 산티아고 가는 길 노상에는 순례자들만 전문적으로 접대하는 매춘여성이 생겨났다. 경의를 표하려고 성스러운 순례지를 찾아가는 남성들도 그들의 피곤한 여정을 달래줄 무엇인가를 필요로 했다. 심신의 피로를 푸는 수단이 쾌락이라는 데에는 문제가 있었지만, 많은 매춘부들이 순례자와의 관계를 통해서 생계를 유지한 것은 말할 나위 없다. 당시 저명한 신학자 성聖 토마스 아퀴나스Saint Thomas Aquinas조차도 "도시의 매춘은 왕궁의 하수도와 같다. 하수도를 없애버리면 궁에서는 더럽고 역겨운 냄새가 날 것이다"라고 말함으로써 매춘을 어느 정도 허용해야 한다는 입장을 보였다. 이처럼 중세의 매춘은 필요악必要惡이었다.

12세기 최초의 산티아고 순례기인 코덱스 칼릭스티누스Codex Calixtinus를 쓴 에머릭 피코는 리곤데 마을에서 순례자를 위한 매춘이 성행하였다고 적었다. 그러나 순례길에 걸쳐진 마을에서의 매

2013년과 2014년 리곤데 마을 어느 농가의 모습

춘이 어디 이곳 한 곳뿐이었겠는가. 순례길 노상의 숱한 마을에서 매춘과 강탈이 행해졌으리라. 그러니 리곤데 마을만을 매춘으로 매도할 수 없지 않은가. 지금의 리곤데 마을은 소똥 냄새 그윽한 농촌일 뿐 그 어디서도 옛 홍등가의 흔적을 발견할 수 없다. 마을을 벗어나기 직전 지난해 프리 허그Free hugs 라는 글자가 각국 언어로 쓰여 있던 소박한 시골집이 나타난다. 작년과 달리 금년의 모습은 초라하다.

의기양양하게 봇짐을 등에 지고 걷던 순례자들이 드디어 지쳐 가는가 보다. 여기저기 주저앉아 물을 마시고 있다. 피곤한 몸을 이끌고 인근 바bar에서 콜라를 연신 들이킨다. 이렇게 땀이 온몸을 적시는데도 신부님은 뜨거운 에스프레소espresso, 진한 커피를 더블로 마신다. 더울 텐데…. 아마도 이열치열以熱治熱인가 보다. 양말을 벗고 볕에 발을 말리는데, 아내가 내 발바닥을 유심히 관찰한다. 그리고 나도 모르는 물집을 발견해 낸다. 그동안 괜찮았는데 하필이면 순례가 다 끝나가는 지금 왜 물집이 생기는지 모르겠다. 몰랐을 땐 그냥 그랬는데 물집이 생긴 걸 안 이후에는 왠지 걸음걸이가 어색해진다. 발을 디딜 때마다 아픔도 느껴진다. 역시 모든 것은 마음이다. 옛날 옛적 부처가 말했다. “마음이 전부다. 생각하는 대로 이루어진다”라고. 역시 그랬다. 물집의 존재가 나의 마음을 약하게 만들었고, 그 마음에 의해서 발 디딤이 불편해졌다. 기왕 부처 얘기가 나왔으니 한 마디 더 하고 싶어진다. 세계 3대 종교는 세 명의 현자賢者에 의해 탄생되었다. 아이러니한 것은 예수 그리스도를 중심으로 600여 년 전에 부처불교가 탄생했고, 600여 년 후에 무하마드이슬람교가 탄생했다는 것이다. 이는 예수 그리스도가 중앙에 있음을 의미한다. 그러니 세계 3대 종교의 중심에 기독교가 우뚝 서 있다는 뜻이 아니고 무엇이겠는가. 그런데 가장 중요한 사실은 기독교의 예수 그리스도는 신神이지만 부처와 무하마드는 사람人이라는 점이다.

이글거리는 태양을 머리에 이고 가까스로 팔라스 데 레이Palas de Rei에 도착한다. 이곳은 서고트 왕국의 위티사Witiza가 왕이 되기 전

팔라스 데 레이 초입에 있는 성당

갈리시아 총독을 맡아 체류했던 마을이다. 그가 왕이 되자 이곳은 왕의 궁전이라는 뜻으로 팔라스 데 레이Palas de Rei라 불리게 되었다. 위티사의 죽음이 모로인무어인들을 이베리아 반도로 불러들이는 계기가 된다.

톨레도를 수도로 통치하던 서고트 왕국에 먹구름이 몰려들었다. 위티사의 죽음으로 왕위 쟁탈전이 전개된 것이다. 당시는 왕위 세습제가 확고하게 구축되지 않았던 때라 위티사의 아들 아킬라는 로드리고Rodrigo에게 왕위를 찬탈당한다. 아킬라와 그의 옹호세력들은 로드리고로부터 왕위를 되찾고자 북아프리카의 이슬람 세력에게 원조를 요청하였다. 서기 711년 북아프리카의 이슬람 세력, 즉 모로인들은 북아프리카에서 이베리아 반도까지 14㎞밖에 떨어지지 않은 지브롤터 해협을 건너 물밀 듯이 쇄도하였다. 서고트 최후의 왕 로드리고는 구아달레테 강 유역에서 왕국의 명운을 건 결전을 벌였으나 패배함으로써 서고트 왕국은 멸망하였다. 거침없이 이베리아 반

아스투리아스 왕국

도를 질주한 모로인들은 불과 7년 만에 북부의 아스투리아스 산악지대를 제외한 전 지역을 점령해 버렸다.

그런데 이슬람 세력이 에스파냐를 쉽게 침공한 데는 나름 이유가 있었다. 북부 아프리카에 위치한 세우타 지역은 지중해를 건너기 쉬운 길목에 위치한 요충지 중의 요충지였다. 이곳의 총독 훌리안 백작은 궁정교육을 시키기 위해 자신의 딸 플로린다 라 카바Florinda la Cava를 톨레도로 보냈다. 당시 서고트 왕국의 수도였던 톨레도Toledo는 타호Tajo 강이 사방을 둘러싼 천혜의 요새였다. 어느 날 그녀는 타호 강가에서 목욕을 하고 있었다. 그 모습을 본 서고트 최후의 왕 로드리고가 그녀를 능욕했다. 그녀는 자신의 아버지 훌리안 백작에게 눈물겨운 편지를 쓴다. 명예가 손상되었다고 판단한 훌리안 백작은 로드리고의 통치에 반대하는 세력과 연합하여, 모로인들이 지중해를 건너 이베리아 반도를 침공하도록 길목을 열어준다. 세우타를 통해 손쉽게 지브롤터 해협을 건너간 모로인들은 단기간에 로드리고의 군대를 전멸시켜 버린다. 지금도 천년고도 톨레도를 둘러싼 타호 강가에는 카바의 목욕탕Baño de la Cava이라는 유적이 남아 있다.

팔라스 데 레이에 도착한 우리들은 순례를 시작한 이후 가장 많은 25.5㎞의 거리를 걸었다. 단체로 일정 거리를 획일적으로 맞춘다는 것은 참으로 어려운 일이다. 그래서 모두가 소화할 수 있는 가까운 거리를 걷도록 한 것이 문제가 되었다. 하루에 30.5㎞를 걷는다면 문제가 완전히 해소될 터이지만 일정에 없던 땅끝 마을 피니스테라Finisterra를 가겠다고 한다. 그렇다면 온전히 하루 일정이 더 필요한데, 어쩔 수 없이 하루를 건너 뛸 수밖에 없다는 결론을 내렸다. 버스정류장에 일행들이 속속 도착한다. 오후 3시 버스로 아르수아Arzúa까지 건너 뛸 예정이다. 하지만 정희 · 향이 씨가 아직 도착하지 않았다. 나머지 일행을 먼저 아르수아로 보내고 나는 이곳에 남아 두 여인을 기다리기로 했다. 아예 5시 20분에 출발하는 다음 버스를 탈 생각으로 신발과 양말을 모두 벗어버리고 계단에 철퍼덕 주저앉아 버렸다. 느긋이 2시간여를 휴식으로 채울 생각이다. 3시가 다 되어갈 즈음 저쪽에서 정희 · 향이 씨가 나타난다. 그녀들의 출현에 모두들 환호하며 반긴다. 한꺼번에 버스를 다 탈수 있어서 다행이다. 양말과 신발을 대충 발에 끼워 맞추며 주섬주섬 자리를 털고 배낭을 짊어졌다. 3시가 조금 지나자 버스가 정류장에 정차한다.

버스로 아르수아Arzúa까지는 채 30분도 걸리지 않는다. 그 사이 순례자들은 벌써 고개를 아래로 떨어뜨린 채 깊은 잠에 빠져 있다. 아르수아 초입에 다다르자 모두를 깨웠다. 그런데 문제가 생겼다. 공립 알베르게는 이미 침대가 다 차버렸고, 물어물어 찾아간 사설 알베르게도 만원이란다. 길을 따라 남쪽으로 내려가니 제법 규모가 큰 알베르게가 나타난다. 안으로 들어가니 "꼬레아노?" 하면서 손가락으로 안쪽을 가리킨다. 뜻밖에도 권 선배가 벌써 침실을 점검하고 있다. 서로 헤어져서 10개의 침대가 남아 있는 알베르게를 찾기로 했었는데 권 선배가 찾은 것이다.

샤워와 빨래를 마친 일행들은 모두 밖으로 나간다. 순례자 메뉴로 저녁식사를 하기 위해서다. 그러나 권 선배와 나는 알베르게에 남았다. 권 선배가 어디선지 쌀을 구해왔기 때문이다. 즉석 짜장을 끓여 밥 위에 걸쳤다. 따끈한 밥이 서구식 순례자 메뉴보다 훨씬 감미로운 음식이라는 데 의심의 여지가 없다. 맛깔스러운 짜장밥의 풍미는 무엇과도 바꿀 수 없는 보배다. 밖으로 나가지 않길 잘했다.

알베르게 위로 떠오른 무지개

식사를 마치고 하늘을 바라보니 노란 알베르게 건물 위로 찬란한 무지개가 두둥실 떠올랐다. 순례를 시작할 때 쌍무지개가 우리를 축복해 줬는데, 순례가 끝나갈 무렵 다시 무지개가 우리의 아르수아Arzúa 입성을 축하한다. 이제 산티아고 도착까지는 이틀 남았다.

멈춰선 순례자 몫까지 걷다

9. 29 월, 안개 잔뜩, 오후부터 화창

아르수아Arzúa - 11㎞ – 살세다Salceda - 5.1㎞ –
산타 이레네Santa Irene - 3.1㎞ – 페드로우소Pedrouzo(총 19.2㎞)

가을은 깊어 가는데 새벽녘 날씨가 차갑지 않다. 변덕스러운 갈리시아의 날씨가 언제 쌀쌀한 공기를 휘몰아 올지 모르지만, 길 위에 내던져진 우리는 온화한 날씨가 반갑기만 하다. 순례의 막바지, 그동안의 피곤함이 누적되었는지 산티아고를 향한 발걸음이 한층 무겁다. 몇 ㎞ 걷지 않았는데 숨이 턱에 차오르고 길가에 철퍼덕 주저앉아 쉬고 싶다. 권 선배는 시야에서 사라진 지 오래고 연희 · 미숙 씨는 일찌감치 앞으로 치고 나갔다. 미숙 씨는 순례길 내내 잘도 걷는다. 그 뒤를 따라 신부님과 우리 부부, 진경 씨와 은미 씨가 차분히 속도를 유지한다. 맨 뒤로 물러난 정희 · 향이 씨도 사경을 헤매는 표정으로 어기적거리며 일행을 따라온다. 향이 씨는 매일매일의 피로가 누적되어 육체적으로 힘들어한다. 하지만 그보다

산티아고까지 29.5㎞ 남았다는 표지석

더 힘든 일은 발바닥 물집이 꾸준히 생겨난다는 것이다. 발은 누더기 밴드들로 가득 채워져 있어 누가 보아도 상태가 좋지 않음을 단번에 알 수 있다.

남 걱정할 일이 아니다. 내 발도 심각해지기 시작한다. 어젯밤 다 늦게 생긴 물집을 뜯어내어 콤페드Compeed, 물집 치료용 고무 밴드를 붙여 놓았는데 그 안에 계속 물이 찬다. 땅바닥을 밟는 것 자체가 고역이다. “순례가 다 끝나가는 지금에 와서야 이게 무슨 고생이람…!” 혼잣말로 되새기다 아르수아Arzúa를 출발한 이후 처음 나타난 바bar로 무조건 들어갔다. 배낭을 내려놓는 것조차 힘들다. 의자에 앉아 양말을 벗어 발바닥의 상태를 살피는데 진물이 많이 배어 있다. 핀셋으로 구멍을 뚫어 물집을 뜯어냈다. 벌건 속살이 그대로 드러난다. 그 위에 특수 고무 밴드인 콤페드를 단단히 붙였다. 오늘의 응급치료는 이것으로 끝이다. 치료는 끝났지만 그래도 발바닥의 통증은 어쩔 수 없다. 진땀이 난다. 1㎞ 정도를 더 걸었을 뿐인데 벌써부터 쉬어갈 바bar가 나타나기를 기다린다. 드디어 도로변에 길게 뻗은 칼사다Calzada 마을에 들어섰다. 길가 바bar가 왜 그리도 반가운지 한걸음에 달려갔다. 순례자들이 벗어놓은 티셔츠T-Shirt가 내부 천장을 장식하고 있다. 태극기를 배경으로 기념사진을 한 컷 촬영하고 꿀맛 같은 휴식을 즐긴다.

바 내부를 장식한 온갖 티셔츠와 태극기

사실 일행을 따르다 보면 자신만의 속도로 걸으며 주변을 감상하기가 쉽지 않다. 특히 일행의 안전을 책임진 나로서는 더더욱 그렇다. 거추장스러움을 하나라도 덜어보고자, 걸으면서 생각을 많이 하지 않으려 애쓴다. 주변의 아름다운 풍경을 감상하며 초가을의 정취를 마음껏 느끼는 것으로 생각을 대신한다. 그래야만 카미노의 아름다움을 느낄 수 있다. 전원적인 풍경은 나의 마음을 즐겁고 행복하게 만든다. 찌들고 지친 사람들, 비록 겉모습은 초라해 보일지라도 내면의 모습은 아름답다. 카미노의 아름다움은 곳곳에서 다양한 형태로 나의 눈과 마음을 훈훈하게 적셔준다. 이 또한 신의 선물이다.

아르수아를 출발하여 숲길을 걸을 때였다. 2011년 순례 도중 사망한 '미겔 리오스 라마스'라는 순례자의 추모비가 새롭게 조성되어 있고 그 앞에 아름다운 여인의 사진이 놓여 있다. 곁에는 이름 모를 꽃이 흐드러지게 피어 있다. 아마도 상사화相思花인가 보다. 상사화는 서로 그리워하며 생각만 할 뿐 결코 꽃과 잎이 만날 수 없다 해서 붙여진 이름이다. 잎이 시들어야 꽃이 나오고, 꽃이 져야 잎이 나오기 때문이다. 이곳에서 명을 달리한 순례자와 그의 가족은 이 세상에서는 서로 그리워할 뿐 만날 수 없다. 오로지 하느님의 나라에서 재회할 수 있을 뿐…. 명복을 빌며 그곳을 떠났다. 살세다Salceda 마을 식당 옆을 끼고 숲길로 접어든다. 숲의 요정이 시원한 피톤치드를 연이어 쏟아댄다. 신부님과 나는 두 손 벌려 깊은

순례 도중 이곳에서 사망한 어느 순례자의 추모비

숨을 들이쉰다. 상쾌한 공기가 폐를 가득 채운다. 어느 순간 숲길로 접어드는 오른쪽에 또 다른 순례자의 추모비가 고풍스러워 보인다. '끼에르모 와트'라는 여성을 추모하는 글이 새겨져 있다. 이제는 걸을 수 없는 그녀의 신발을 본뜬 추모비가 자리를 지키고 있다. 이곳을 떠나 그토록 염원하던 목적지로 가야 할 텐데, 그녀의 신발 추모비는 어제도 오늘도 아쉬움을 간직한 채 이곳에 망부석으로 남아 있다. 그녀는 산티아고 도착을 하루 앞두고 이곳에서 유명을 달리했다.

산티아고 도착을 하루 앞두고 유명을 달리한 순례자의 추모비

우리는 신부님의 인도하에 주모송주님의 기도 · 성모송 · 영광송을 낭송하며 죽은 자를 위한 기도를 한다. 그리고 더 이상 걸을 수 없는 그들의 몫까지 우리는 삶의 길을 따라 한 걸음 한 걸음 발을 내딛는다. 삶의 길이기에 발의 고통도 땡볕의 더위도 생생하게 느껴진다. 그래도 살아 있다는 감흥이 고통을 인내하게 만든다. 고통 속으로 들어간다.

"성모 마리아이시여! 빨리 페드로우소가 우리 시야에 들어오게 하소서!"

동정 마리아는 신이 선택한 어머니 중의 어머니다. 예수께서도 어머니의 말에는 항상 순종했다. 세상의 모든 어머니는 자녀들에게 가장 인자하다. 그래서 우리는 성모 마리아를 통해 예수님께 기도한다. 어머니를 통한 기도는 그만큼 예수님께 잘 전달된다. 이기수 신부님께서 말씀해 주신 한 은퇴 사제의 일화는 실로 유명하다. 그 일화는 성모님의 모성母性을 입증하고 있다. 어렸을 때 유복하게 자랐던 주인배 신부님은 자신이 원하는 대로 어머니께서 다 들어주셨다고 한다. 뒤늦게 사제가 된 주인배 신부님은 죽음의 문턱에서 허덕이는 젊은 여인을 위해 간절히 기도했다. 그 여인 곁에는 갓 태어난 어린아이가 울고 있었다. 사제는 모든 이의 어머니이신 성모 마리아께 그녀를 살려달라고 매달렸다. 그러나 아무리 기도해도 그녀는 회복될 기미를 보이지 않았다. 화가 치밀어 오른 신부님은 "지상의 우리 어머니는 내가 해달라는 것을 다 해줬는데, 하물며 천상의 어머니이신 성모님께서는 왜 자식의 기도를 들어주지 않는 겁니까. 저 아이가 불쌍하지도 않나요?"라고 말한 뒤 "내 기도를 들어주지 않으면 사제직 그만둘 거야"라고 벌컥 소리를 지르고 그곳을 떠나버렸다. 기도하던 다른 신도들은 신부님의 그런 태도에 깜짝 놀라 멍하니 바라볼 뿐이었다. 그런데 다음 날 기적이 일어났다. 환자가 회복되기 시작했다는 것이다.

어떤 이는 가톨릭에서는 성모 마리아를 신으로 추앙한다며 비난하기도 한다. 그러한 비난은 성모 마리아의 인성人性과 모성母性을 모르고 하는 말이다. 가톨릭에서는 성모님의 신성神性을 믿지 않는다. 성모 마리아는 인간 중에서 신의 선택을 받은 가장 순결하고 고결하신 예수의 어머니이다. 예수의 어머니이자 모든 인간의 어머니이신 성모님께서는 신과 인간을 연결해 줄 수 있는 가장 적절한 분이라고 감히 말한다. 그렇기 때문에 우리는 다정다감하고 인자하신 어머니로서 우리의 기도를 신께 전해 주기를 염원하는 마음으로 성모 마리아를 지극히 공경하고 있다. 최초 개신교 신자였던 나는 어려울 때나 힘들 때면 으레 목사님께 나를 위해 기도해 줄 것을 부탁하곤 했었다. 가톨릭 신자가 된 지금은 목사님 대신 성모님께 나를 위해 빌어달라고 부탁한다. 아무리 생각해 봐도 목사님보다는 성모님께서 나의 기도를 예수님께 더 잘 전달해 주지 않을까 싶다. 성인聖人, Saint도 마찬가지다. 일반 신도보다는 신심이 훨씬 깊고, 그 깊이만큼 신께 더 가깝게 다가갔다고 생각되기 때문이다.

늦게 찾아온 발바닥의 물집은 하중의 괴로움을 온전히 통증으로 받아낸다. 힘들고 고통스러운 시간은 성모송을 읊조리며 인내하였다. 갈리시아 지방의 날씨는 아침저녁으로는 춥지만 한낮은 태양의 열기로 가득하다. 지금이 가을인가 할 정도로 덥다. 갑자기 아스팔트길이 순례길을 가로막은 듯 좌우로 펼쳐진다. 아스팔트길을 가로질러 통과하면 산티아고로 직행하고, 왼쪽으로 방향을 틀어 차도를 따라가면 페드로우소 마을이다. 앞만 보고 가다 보면 아차

산타 이레네에서 목을 축이고

하는 순간 차도를 건너버린다. 까마득히 보이지도 않는 곳으로 뒤처져 허우적거리는 정희 · 향이 씨가 순례길을 따라 차도를 건너갈까 걱정된다. 일행을 페드로우소로 보낸 뒤 땅바닥에 주저앉아 하릴없이 그녀들을 기다린다. 내가 여기서 그녀들을 기다리지 않는다면 그녀들은 도로를 가로질러 직진해 버릴지도 모르기 때문이다. 갑자기 눈꺼풀이 내려간다. 앉은 채로 깊은 잠에 빠진다. 얼마나 잤는지 모른다. 아마 10여 분? 무의식 속에 잠이 들어버렸다는 생각이 뇌리를 스친다. 깜짝 놀라 눈을 번쩍 떴다. 때를 맞춘 듯 그녀들이 시야에 들어온다. 이 또한 카미노의 신비가 아닌가.

페드로우소Pedrouzo는 산티아고의 위성도시다. 대부분의 현대식 건물들이 도로를 따라 촘촘히 들어서 있어 고전적인 중세도시의 흔적은 찾아보기 어렵다. 순례자가 없었더라면 이 도시는 존재하기 어렵지 않았을까? 샤워와 빨래를 마친 우리들은 늦은 점심식사를 하려고 바를 찾았다. 바 주인은 시에스타Siesta, 낮잠 자는 시간라 식사가 안 된다며 우리를 거부한다. 500m쯤을 걸어가 식사가 되는 바를 찾아 순례자 메뉴를 시켰다. 산티아고의 위성도시, 즉 순례자를 위한 도시답게 요리의 양이 엄청나다. 아깝지만 닭다리를 절반만 소화시킨 것에 만족해야 했다. 순례자 메뉴의 끝에는 항상 와인이 나온다. 와인은 생산지의 기후와 풍토를 오롯이 맛으로 반영한다. 그래서 지역에 따라 와인의 품질은 천차만별이다. 순례길에서의 와인은 일행에게 결속과 희망을 던져준다. 와인을 음미하며 다가올 내일의 카미노를 상상한다. 그리고 우리의 꿈과 희망을 노래한다. 식사를 마친 뒤 알베르게로 돌아오자마자 그냥 침대에 쓰러져 버렸다. 아줌마들을 인솔한다는 책임감이랄까? 이때까지 한 번도 낮잠을 잔 적이 없었다. 그런데 이날은 그냥 잠이 들었다. 산티아고 데 콤포스텔라에 거의 도착했다는 안도감 때문이었을 것이다. 비몽사몽으로 한참을 자고나서야 눈을 떴다. 벌써 저녁이다. 매일 미사가 없는 월요일이라 다행이다.

신부님께서는 언제부턴가 나를 '주교님'이라고 부른다. 매일매일

지속되는 고단함 속에서도 알베르게에 도착하면 미사 드릴 곳을 먼저 찾았다. 성당에 가거나 아니면 알베르게 한켠에서 미사를 드리자고 신부님을 닦달했다. 신부님은 "아~ 오늘은 묵주기도로 미사를 대신하려 했더니 사사건건 미사를 드리라는 주교님 때문에…" 하면서 웃는다. 내가 너무 심했나?

억새풀 곁을 지나는 순례자들

여정의 목적지 산티아고에 도착하다

9. 30 화, 맑음

페드로우소Pedrouzo - 10㎞ – 라바코야Lavacolla - 5.5㎞ – 몬테 도 고소 Monte do Gozo - 5.0㎞ – 산티아고 데 콤포스텔라Santiago de Compostela (총 20.5㎞)

순례의 마지막 날이다. 모두들 오늘이 마지막이라는 데 아쉬움을 느낀다. 그동안의 고통을 모두 잊은 듯 제법 활기 있게 출발한다. "평생 이처럼 힘들게 오랫동안 걷는 기회가 또 있을까?" 진경 · 미숙 씨는 다시는 이런 기회가 없을 것이라는 데 동의한다. 물론 다른 사람들도 마찬가지일 것이다. 사람마다 부러워하는 대상이 다르다. 나는 평소에도 자유로운 방랑자인 권 선배가 가장 부럽다고 말해왔다. 시간이 나면 그냥 길 따라 걷는 방랑자. 그런 자유로운 삶이 그립다.

도시의 삶은 말 그대로 전쟁이다. 삶 속의 행위는 선한 것도 많지만 악한 경우가 더 많은 것 같다. 그래서 예수의 가르침대로 타인을 사랑하기 어렵다, 믿기는 더더욱 어렵지만. 하느님께서는 이

집트에서 400년 동안 종살이를 하던 사람들을 모세를 통해 탈출시켰다. 하지만 종살이에 익숙해진 사람들이 하느님의 가르침대로 순수하게 살기는 어려웠을 것이다. 이집트에서 불과 40여 일이면 갈 수 있는 거리를 무려 40년 동안 광야를 떠돌게 했던 이유가 무엇일까? 이집트에서 탈출한 사람들이 모두 죽고 난 뒤 새로운 세대가 새롭게 하느님의 백성으로 거듭날 수 있는 시간이 필요했던 것은 아닐까? 신께서도 그만큼 사람들을 곧바로 믿기가 어려웠으리라. 하느님께서 그들에 대한 믿음을 갖기까지 무려 40년이라는 시간이 필요했다는 얘기다. 카미노를 걷고 있는 내내 도시의 삶을 좇는 인간들에 대한 나의 믿음이 허무하게 무너져 내림을 느낀다. 그러나 카미노의 사람들은 사소한 것에 감사하고 소박한 것에 행복을 느낀다. 남을 비난하거나 모략하지도 않는다. 걷는 내내 서로를 격려해 준다. 그러므로 걷는다는 것은 곧 선善이다. 우리는 걸음으로써 선을 행한다.

울창한 유칼립투스 나무가 하늘을 뚫고 치솟는다. 나무 사이로 비행기가 꼬리에 강력한 소음을 달고 비상한다. 우리는 벌써 라바코야Lavacolla 국제공항을 우회하는 카미노를 걸어간다. 산티아고 국제공항이라고도 불리는 이곳을 지나 조개문양이 새겨진 산티아고 표지석에서 기념촬영을 한다. 드디어 라바코야 마을의 바bar가 보이기 시작한다. 모두 배낭을 내려놓고 콜라와 커피로 갈증을 해소

유칼립투스 나뭇길

라바코야 국제공항 모서리의 산티아고 조개문양 표지석에서

한다. 맨 뒤에서 걷던 정희 · 향이 씨도 합류하여 커피를 마신다. 미리 준비한 과일로 허기를 달래며 앉아 있지만 한없이 쉴 수는 없지 않은가. 다시 일어서는 발걸음이 무거워지기 시작한다. 그래도 산티아고가 얼마 남지 않았다는 기대감에 서두른다. 정희 · 향이 씨도 오늘은 오랫동안 쉬고 싶은 생각이 없어 보인다.

여정은 목적지로 향하는 과정이다. 서두르지 않되 중단하지 않으면 목적지에 이르게 된다. 시작은 끝을 찾아가는 시발점이 아니던가. 우리는 그동안 얼마간의 거리를 택시나 버스로 건너뛰었지만 어느 누구도 완전히 중단하려고 하지 않았다. 오늘 드디어 여정의 목적지에 도착하게 된다고 생각하니 가슴이 설렌다. 역시 시작은 끝이 있기 마련이다. 그러나 한편으로는 아쉬움이 세찬 파도처럼 밀려왔다. 이제 끝이다. 끝은 끝이 아니라 또 다른 시작이다. 끝에서 출발이 시작된다.

모두 말없이 생각에 잠겨 걷다 보니 저 멀리 빌라마이오르Vilamaior 마을의 언덕 모퉁이에 바bar가 나타났다. 지난해 아내와 같이 커피를 마시며, 생장피드포르에서 시작하여 33일 동안 걸었던 나날들을 회상한 곳이다. 모두 카페 안을 피해 밖의 의자에 앉는다. 답답한 내부보다 시원스레 트인 밖이 더 사치스럽게 느껴진다. 모두들 지나온 시간들을 회상하는 듯 한동안 말이 없다. 얼마나 많은 고통이 엄습했던가. 이곳에 온 것을 후회한 사람도 있을 것이다. 그러나 고통은 순간이다. 그 고통을 넘어 섰을 때 자신이 진정으로 원하는 것을 얻을 수 있다. 용기를 내어 앞으로 전진해 온 우리는 자신이 진정 원하는 것을 얻었으리라. 그것이 신앙이든, 아니면 자신의 인내를 시험해 봤든, 산티아고에 도착하는 순간 모든 아픔과 고통은 자부심과 보람으로 재탄생될 것이다.

결코 끝나지 않을 것 같았던 순례길도 이제 끝나가나 보다. 산티아고가 한눈에 내려다보인다는 '몬테 도 고소' 언덕이다. 그런데 아직도 산티아고 대성당의 종탑은 보이지 않는다. 순례자들은 이 지점에 이르러서야 산티아고 가는 길이 끝나가고 있음 느낀다. 그토록 힘들게만 여겨지던 고난의 길이 벌써 끝나가고 있다는 아쉬움

몬테 도 고소의 기념비 앞에서 여성 순례자들이 단체로 기념촬영

에 잠시 발걸음을 멈춘다. 그리고 지나쳐 온 숱한 만남들을 회상해 본다. 교황 요한 바오로 2세도 이곳을 방문했다. 그 자리에는 커다란 기념비가 자리를 지키며, 이곳을 지나는 순례자들의 애환과 고통을 보상해 주는 배경사진의 상징으로 우뚝 서 있다. 아직 대성당까지는 수 ㎞에 이르는 마지막 거리가 남아 있다. 도시 초입의 딱딱한 아스팔트길은 지친 다리를 더욱 무겁게 만드는 장애물이다. 산티아고의 옛 도심을 향해 한 발 한 발 다가간다. 길 좌우에 펼쳐진 도시의 건물 사이로 산티아고 대성당의 종탑이 보인다. 모두 환호하며 마지막 힘을 다해 본다.

산티아고 대성당은 유네스코가 지정한 세계문화유산이다. 지난 천 년 동안 순례자들을 위한 미사가 끊이지 않던 대성당에는 오늘도 순례자를 위한 미사가 열리고 있다. 하지만 우리는 조금 늦게 산티아고에 입성하여 정오 미사는 참례할 수가 없다. 11세기 무렵 유럽에는 산티아고로 순례를 떠나는 것이 유행처럼 퍼져 나갔다. 그래서 그리스도교도들은 산티아고 가는 길카미노 데 산티아고을 이슬람 세력으로부터 지켜내야 한다는 사명감에 불탔다. 이는 '레콩키스타'라 불리던 국토회복운동에 성지를 수호해야 한다는 사명을 부여하였고, 이로 인해 이슬람 세력과의 싸움이 정당성을 갖게 되었다. 그동안 걸어왔던 카미노Camino, 길도 우리가 겪은 자신과의 투쟁에 정당성을 부여할 수 있을까? 어떤 이유와 논리가 나의 지속된 걷기 투쟁에 해답을 줄 수 있으랴? 노란 화살표의 끝에서 그 의미를 깨닫기 위해 나 자신을 되돌아봐야 하리라.

본격적으로 산티아고 구시가에 접어든다. 먼저 출발한 권 선배, 아침에 우리와 같이 출발했지만 종교적 열망을 좇아 한달음에 달려간 이기수 신부님은 벌써 알베르게를 찾았겠지? 약도가 잘못된 것 같아 여기저기 둘러본다. 바로 여긴데 도무지 알베르게가 보이지 않는다. 그러다 바bar의 귀퉁이를 차지하고 있는 사람에게 다가가 약도를 보여주는 순간 이기수 신부님의 모습이 보인다. 알베르게 앞에 나와 우리를 기다리고 있다. 진경 · 연희 · 미숙 · 정희 · 향이 · 은미 씨와 아내 등 7명의 아줌마들과 이기수 신부님, 권영익

산티아고 표지판에서

선배 그리고 나, 이렇게 10명의 산티아고 순례단은 무사히 여정을 마친 것에 환호한다.

당초 계획한 대로 카미노가 이루어지지 않을 때가 있다. 어려움에서 헤어나지 못할수록 순례는 점점 더 어려움 속으로 빠져든다. 그러나 어찌할 도리가 없다면 불편하고 어려운 여건을 받아들이는 것 역시 순례의 한 방법이다. 우리는 일행이 처한 어려움을 떨쳐내기 위해 두 번에 걸쳐 택시와 버스를 이용했다. 혹자는 온전히 걷지 못했다고 비난할지도 모른다. 하지만 두 다리로 걸어야만 한다는 올가미에 얽매여 목표를 이루지 못한다면 더 큰 실망과 좌절에

빠질지도 모른다. 순례길은 삶의 인생길을 닮았다. 카미노에서 크고 작은 어려움은 누구도 피해갈 수 없다. 모든 어려움을 극복한 순례자들은 어떠한 난관도 헤쳐 나갈 수 있는 자신의 능력에 감탄했으리라. 어렵고 힘든 그 어느 날, 지금의 용기와 인내를 되살린다면 지쳐 쓰러진 자신의 삶을 다시 한 번 일으켜 세우는 획기적인 전환점이 될 것이다.

신부님께서는 산티아고 입성 때 독특한 경험을 한다. 신부님은 오늘 우리가 묵을 알베르게를 알지 못했다. 산티아고 시가지를 무작정 가로질러 걸어가는 신부님의 마음은 아마도 '알베르게를 어디에서 찾을까?' 하는 걱정을 했을 것이다. 하지만 씩씩하게 걸어갔다고 한다. '이쯤 어디일 텐데' 하면서 두리번거리다 보니 갑자기 어느 알베르게 유리창에 권 선배의 모습이 보였다고 한다. 정말 신기하게 알베르게를 찾았다. 그날은 배낭의 무게도 느끼지 못했고, 놀고 쉬면서 걸었는데도 발 빠른 권 선배와 시간차도 별로 나지 않았다는 것이다. 백지상태에서 산티아고 시가지를 들어섰는데도 불구하고 한 치의 헤맴도 없이 곧장 알베르게를 찾았다는 사실은 베가 데 발카르세Vega de Valcarce에 이은 두 번째 기적이다.

드디어 오브라도이도 광장에 들어선다. 산티아고 대성당의 위용이 눈에 들어온다. 종교적 감흥이 살아나 눈물을 흘릴 것 같았지만 아무도 울지 않는다. 그저 길의 끝에 왔다는 생각뿐, 더 이상 걷지 않아도 된다는 안도감이 더 컸나 보다. 나중에 각자 울컥하는 느낌

보수공사 중인 산티아고 대성당

이 다르게 찾아 왔지만…. 노란 화살표의 끝에 어렴풋이 답이 보인다. 그 답은 물리적인 것이 아닌 정신적인 해답이었다. 모든 것은 신앙과 마음에 달려 있다는 것을 깨닫는 데는 그리 오랜 시간이 걸리지 않았다. 환호하던 기쁨도 잠시, 순례증서를 받기 위해 1시간이 넘도록 줄을 서 있는 동안 모든 감흥이 깨진다. 그나마 다행인 것은 금년에 한해 산티아고 대성당 인근의 산 프란치스코 성당에서도 800주년을 맞아 별도의 순례증서를 발급해 준다는 것이다. 올해는 순례증서를 두 개씩 받는다. 아줌마들로 이루어진 우리 순례단은 어려움이 많았던 만큼 하느님의 선물을 하나 더 받은 데 감사했다.

저녁 7시 30분 산티아고 대성당 미사에 참례한 우리는 하느님의 더 큰 선물을 받는다. 소화 데레사 축일 10. 1. 을 앞둔 전야 미사에서 천장에 매달려 있던 대형 향로 보타푸메이로, Botafumeiro 가 그네를 탄 것이다. 대향로 전례의식은 카미노를 걸으며 제대로 씻지 못했던 순례자들의 냄새를 중화시킬 목적으로 시작되었다. 붉은 옷의 전례봉사자 6명이 끌어당기는 60㎏의 대향로가 순례자들의 머리 위로 힘차게 비행한다. 은은한 향香이 성당 구석구석으로 내려앉아 순례자들의 몸은 물론, 마음까지 깨끗하게 정화시킨다. 어떤 순례자는 울컥하는 마음을 감추지 못한다. 이은미 데레사가 그중 한 명이다. 그녀의 세례명이 데레사이기 때문일까? 산티아고는 성녀 데레사의 영적 고향이다. 인내를 생활의 모토 motto 로 삼았던 성녀 데레사! 걸

그네를 타는 대향로

는 동안의 고통을 참아온 우리의 인내를 축복해 주는 또 다른 선물로 다가온다.

미사가 끝난 뒤 우리는 야고보 성인의 동상과 무덤을 찾았다. 대성당 주 제단 뒤의 계단을 오른 신부님은 야고보 성인의 대형 동상 어깨를 껴안고 이마를 맞댄다. 그리고 기도를 한다. 우리 부부도 야고보 동상을 껴안고 기도를 했다. "우리와 함께한 신부님에게 신의 가호가 있기를, 또한 순례길에 오른 우리 일행 모두에게 예수님의 평화가 깃들기를…." 이번에는 계단을 내려간다. 제단 아래 지하에 성 야고보의 유골함이 은빛으로 밝게 빛난다. 유골함 앞에 무

성 야고보(산티아고) 유골함

릎을 꿇은 신부님과 아내는 한참을 기도한다. 내 순서는 언제 오려나…. 이번에는 내 차례다. 어머니와 나의 모든 가족을 위해 기도한 다음, 별내성당 김성길 마르티노 신부님의 평화를 기원했다.

미사가 끝난 늦은 저녁인데도 신부님과 우리 부부는 기념품점과 바bar를 돌며 기념품도 사고 콜라도 마시다 뒤늦게 알베르게로 되돌아왔다. 숙소에 도착하여 옷을 갈아입으려는 순간 휴대폰의 벨이 요란하게 울린다. 은미 씨와 연희 씨였다. 미사를 마치고 되돌아오는 도중 길을 잃어 헤매다 다시 산티아고 대성당으로 되돌아갔다는 것이다. 어른도 길을 잃어버리나? 웃음이 절로 난다. 물집이 터진 아픈 발을 이끌고 재빨리 대성당 뒤편의 계단을 향해 10여 분을 달려갔다. 초라한 모습의 두 여인이 계단에 절퍼덕 걸터앉아 있다. 초라한 모습과 달리 두 사람은 너무 당당하다. 그래도 기는 죽지 않았으니 다행이다. 다음 날 꼬마열차로 시내를 관광할 때 자신들이 헤맸던 길을 자랑하듯 큰소리쳤으니…. 어찌됐든 이날 밤 두 사람의 추억 만들기는 성공인 것 같았다.

또 다른 추억 만들기는 밤에 이루어졌다. 시설이 깨끗하지 못한 알베르게에 베드버그bedbug가 판을 친 까닭이다. 신부님과 아내를 제외하고는 모든 일행이 베드버그에 물렸다. 온몸이 가렵고 벌겋게 부어오른 이날의 사건은 그 이후에도 계속되었다. 산티아고에서 3일간 동일한 알베르게에서 묵었기 때문이다. 사설 알베르게 주인은 베드버그란 말에 전혀 개의치 않고 오로지 돈벌이에만 급급하다. 밤마다 모기약을 침대에 잔뜩 뿌리고 '오늘 밤은 괜찮겠지' 하는 심정으로 잠을 청하곤 했다. 유쾌하지 못한 '추억 만들기'였다.

대향로가 그네를 타지 않는다

10. 1 수, 맑음

날이 밝았다. 우리 일행 모두는 산티아고 대성당으로 향한다. 오늘은 신부님께서 직접 산티아고 대성당의 제대에 오르는 날이다. 순례길을 걸어온 다른 사제들도 미사를 드리기 위해 제대로 오른다.

천 년을 이어온 미사가 기대된다. 우리 일행 전원이 미사를 드리기 위해 자리를 잡았다. 제대를 향해 예禮를 취한 다음 조용히 눈을 감았다. 신앙인과 비신앙인이 느끼는 감회는 달랐으리라. 고색창연한 성당에는 가톨릭의 향기가 감돌고 있다. 제의祭衣를 입은 이기수 신부님이 제단에 올랐다. 드디어 미사가 시작된다. 언어는 통하지 않았지만 엄숙함과 경건함이 가슴으로 전달된다. 말씀전례 말미에 순례길을 걸어온 각국의 사제들이 순례자들을 위한 축복을 한다. 사제 순례자들은 대부분 영어로 축복을 내렸다. 그러나 우리의 신부님은 당당하게 한국어로 축복을 내린다. 산티아고 대성당

한국어로 축원하는 신부님

에 한국말이 은은하게 메아리친다. 한국인 순례자들의 눈망울이 촉촉해진다. 연희 세실리아는 눈물을 흘렸다. 물론 은미 데레사와 아내 안나도 뭉클한 느낌이 가슴을 강타했다고 한다. 대부분의 순례자들은 대형 향로가 움직이기를 기대했다. 하지만 성체성사가 끝난 후 사제들이 전원 퇴장한다. 뭔가 이상하다. 다들 웅성거린다. 한참을 기다려도 보타푸메이로대향로는 움직일 기미를 보이지 않는다. 이것으로 끝인가? 모두들 실망스러운 표정을 지으며 성당 문턱을 넘어간다. 매일 정오, 순례자를 위한 미사가 열리고 그럴 때마다 어김없이 공중그네를 타던 대향로가 움직이지 않은 이유는 아직도 수수께끼다. 어젯밤 데레사 축일 기념미사에서 대향로가 움직였기 때문에 오늘 정오 미사에는 향을 피우지 않은 걸까?

우리는 대성당 인근 뷔페식당으로 자리를 옮겨 대화를 이어간다. 진경 씨는 순례길에서의 경험이 인생의 축소판 같다고 평가한다.

"한적한 시골정취가 물씬 풍기는 주위의 풍경이 너무 좋았어요. 살아오면서 이런 추억거리와 풍경을 가슴 속에 담아 내 인생의 앨범으로 엮어 놓을 수 있다는 점이 정말로 뜻깊었어요. 어두운 길과 환한 길을 걸으면서 지금까지 살아온 내 인생도 굴곡이 많았다는 생각이 들었죠. 나중에는 배낭도 가볍게 느껴져 즐기면서 걸었어요. 앞으로 또 다시 나에게 이런 추억거리가 찾아들 수 있을까요?"

신앙인으로서 카미노를 걸었던 연희 세실리아의 감회는 남다르다. 계획되지 않은 순례길이 갑자기 다가왔을 때 조금 겁도 났지만 과감히 순례여정을 선택했던 점이 너무 현명하고 자랑스럽다는 것이다.

"카미노는 짐을 진 자나, 짐을 지지 않은 자나 모두 자신만의 무게가 있음을 느꼈죠. 생전 처음으로 호된 고통을 이겨낸지라 산티아고 도착 때 오로지 쉬고 싶다는 생각뿐 아무런 감흥이 일지 않았어요. 울어야 할지 웃어야 할지 생각이 전혀 정리되지 않았어요. 그런데 미사가 시작되고 성체를 받아 모셨을 때 갑자기 울컥했죠. 이제야 종교인으로서 어느 정도 사명을 달성했다는 생각이 들어요."

미숙 씨는 카미노 여정 내내 혼자 멀쩡하게 잘 걸었다. 물집도 잡히지 않았고, 뒤처지지도 않았다. 그런데 거기에는 이유가 있었다.

"과연 저 길을 걸어갈 수 있을까? 겁도 나고, 무엇보다도 자신감이 결여됐었어요. 컴컴한 새벽어둠이 무섭기도 했고, 동료를 놓치지나 않을까 길을 잃지나 않을까 하는 생각이 들어 달리듯 걸었죠. 어렵게 느껴지던 카미노가 행동과 실천 속에 자연적으로 극복되었어요. 무거운 배낭의 무게가 가볍게 여겨지는 것은 그만큼 허리가 튼튼해졌다는 것이겠죠? 그러나 잠자리만은 불편했어요."

정희 씨는 산티아고의 진정한 가치를 아직 깨닫지 못한 것 같다. 자신과의 싸움에서 승리했지만 굳이 어렵게 두 발로 걸어야 하는 이유를 모르겠다는 것이다.

"그처럼 먼 길을 걸어왔다는 사실이 믿기지 않아요. 버스 타면 30분 걸릴 거리를 하루에 예닐곱 시간을 걸어야 했는지 지금도 이해가 안 돼요. 왜 걸어야만 했을까? 아직도 해답을 찾지 못했어요. 육체적 고통이 정신적 고통보다 더 심했죠. 내가 왜 이런 육체적 고통을 감당해야 하는 걸

점심식사 후 커피 타임

까? 이제 집에 가고 싶어요. 그렇지만 그 먼 길을 걸어왔다는 사실 하나만큼은 자부심을 느껴요."

향이 씨는 온통 물집으로 도배질한 발바닥이 원망스러웠나 보다.

"제일 먼저 산티아고 가는 길을 걷자고 바람을 잡았어요. 혼자만의 시간을 갖고 싶어 카미노를 걷자고는 했지만 결코 혼자만의 시간은 없었죠. 나의 리듬이 타인의 보폭에 영향을 미치는 일이 일상화되자 '나만의 시간, 나를 위한 시간은 없구나' 하는 생각을 가졌어요. 카미노 여정 내내 제발 발바닥이 덜 아프게 해달라고 빌었죠. 이제 생각도 안 나요. 빨리 집으로 돌아가고 싶을 뿐이에요."

은미 데레사는 종교적 열정과 열망으로 십자성호를 그어가며 고통을 참아냈다. 그녀는 힘든 카미노를 무사히 마친 데 대해 하느님께 감사한다. 이제 돌아가면 더욱 신앙생활에 충실할 것이다. 아내는 묵묵히 길을 걸었다. 앞뒤의 일행 사이에서 조정자 아닌 조정자 역할을 수행하면서 말이다.

우리 모두는 온전히 걸어서 카미노를 마치지는 못했지만 독한 마음으로 300㎞ 남짓 걸었다. 그런데 나에게는 아쉬움이 엄습해 온다. 여분의 힘이 육체에 온전히 간직되어 있는데도 전 여정을 걷지 못했다는 사실이 내 마음을 괴롭힌다. 최초 계획했던 대로 신부님과 우리 부부만 카미노를 걸었더라면 모든 것이 일정대로 진행되었을 것이다. 하지만 인생에는 항상 변수가 돌출되기 마련, 그 변수를 무난히 극복해내고 모두 한 마음으로 순례를 마쳤다는 데 의미가 있지 않은가.

오후 꼬마열차를 타고 시내관광에 나섰다. 신부님은 두 발로 걸었던 순례자의 의미를 되새기려는지 그냥 걸어서 시내를 둘러본단다. 꼬마열차가 산티아고 대성당을 중심으로 넓게 회전하듯 달려간다. 연희 · 은미 씨는 어젯밤 자신들이 길을 잃고 헤매다 바로 이곳까지 왔었다며 즐거운 듯이 깔깔거린다. 저 멀리 산티아고 대성당의 쌍둥이 첨탑이 보이지만 안타깝게도 공사 중이라 전면에 포장이 둘러쳐져 있다. 아마도 중세에는 가장 높은 건축물이었으리라. 쌍둥이 첨탑의 종鐘은 수난의 역사를 지니고 있다.

서기 977년 이슬람 왕국의 재상 알만소르Almanzor는 산티아고 데 콤포스텔라를 공격하여 파괴한 뒤 산티아고 대성당의 종을 기독교인들의 어깨에 짊어지게 하여 코르도바로 가져갔었다. 그리고 종을 녹여 이슬람 사원을 밝히는 촛대로 만들어 버린 바 있었다. 그 후 카스티야와 레온 왕국을 영구 통합시킨 페르난도 3세Fernando III는 이슬람 세력에 점령되어 있던 우베다, 코르도바, 세비야를 함락시킨 데 이어 이슬람 마지막 왕조인 그라나다의 나스르나사리 왕조와 주종主從관계를 맺고 조공을 받기 시작했다. 서기 1236년 페르난도 3세는 이슬람 세력의 수도였던 코르도바를 함락시킨 뒤 산티아고 대성당의 종탑에서 가져간 종을 되찾는다. 그는 300개의 촛대로 변해버린 산티아고 대성당의 종鐘을 이슬람교도들의 어깨에 실어 산티아고까지 가져오도록 했었다.

산티아고 대성당의 쌍둥이 첨탑 중 하나

저녁 식사시간이 되자 모두 알베르게 내부 식탁에 둘러앉는다. 3일 전 한 번 만나고 헤어졌던 부산 총각 주영이가 보인다. 그는 바르셀로나 관광 중 배낭을 도둑맞은 뒤 여권과 돈 약간만 가지고 생장피드포르에서 산티아고까지 800㎞를 걸어왔다고 한다. 옷도 한 벌뿐이라 손빨래 후 그냥 몸에 걸치고 말리기를 수십 번 반복했다고 하니 무소유의 삶을 몸소 실천한 순례자 중의 순례자다. 물적 소유에 대한 집착을 버리면 오히려 마음이 편해진다고 했던가. 그런데도 아직 무소유적 삶이 두려운 것은 인간의 당연한 속성이다. 우리 일행은 부산 총각 주영이가 돈이 없어 땅끝 마을 피니스테라에 가고 싶어도 갈 수 없다는 말을 듣고 그를 데려가기로 결정한다. 새벽에 출발하는 피니스테라행 버스를 타기 위해 모두들 침낭 속으로 몸을 들이밀어 잠을 청한다. 하지만 나는 도무지 잠을 잘 수가 없다. 베드버그bedbug 때문이다. 휴게실에서 잠을 청할 요량으로 휴게실 겸 식당으로 나갔다. 그곳에는 희미한 불빛 아래 스페인의 주요 도시를 홍보하는 안내책자가 놓여 있었다. 사진으로 보는 톨레도의 위용도 멋있지만, 화려한 아름다움을 자랑하는 알람브라 궁전이 아쉬움과 서글픔으로 나의 가슴을 더욱더 자극한다. 알람브라 궁전은 이베리아 반도 내 이슬람 최후의 역사를 고스란히 간직하고 있다.

레콩키스타가 막바지로 접어들 무렵인 1479년, 카스티야와 아라곤 두 개의 왕국이 이사벨 여왕과 페르난도 왕의 결혼으로 결속된다. 불완전하긴 하지만 하나의 에스파냐 왕국의 시발점이 된 것이다. 이로써 이베리아 반도에는 기독교 세력이 지배적 위치를 점하게 되었다. 이슬람 세력은 에스파냐 남부의 안달루시아에 위치한 그라나다 왕국의 알람브라 궁전에서만 그 명맥을 유지하고 있었다. 알람브라 궁전은 이슬람 최후의 요새였다. 1482년 4만여 명의 보병과 1만여 명의 기병으로 구성된 그리스도 군대가 알람브라 궁전으로 진격해 들어갔다. 그러나 철옹성 같은 알람브라 궁전은 엄청난 기독교 군대를 맞아 무려 10년이나 버텼다. 힘으로 정복할 수 없다는 사실을 안 가톨릭 군대는 궁전을 봉쇄하여 식량을 원천 차단하는 전략을 구사한다. 보급품이 바닥난 궁전 안에는 굶주림이 창궐했다. 그라나다 왕국나스르 왕조의 마지막 왕 보압딜은 '항전을 지속하다 모두가 죽어야 하느냐, 아니면 항복하여 부하들의 목숨을 보전하느냐' 하는 중대한 결정의 기로에 서게 된다. 그는 모두의 목숨을 구하기로 결정했다. 그리고 가톨릭 군대가 보낸 항복조건을 수락하였다. 양측이 공동 작성한 항복문서에는 모든 이슬람교도들에게 언어와 종교의 자유를 보장하고, 사원과 종교시설도 보존될 것이라고 적혀 있다. 1492년 1월 2일 보압딜 왕은 알람브라 궁전의 열쇠를 그리스도 군대에 넘겨주었다. 이로써 800년이나 이어진 그리스도교도들의 염원이 이루어지게 되었다. 보압딜 왕은 북아프리카로 추방되었고 얼마 지나지 않아 항복조건 약속은 깨어졌다. 그리고 이슬람교도들을 강제로 가톨릭으로 개종하는 절차가 이루어졌다. 이로써 이슬람 세력은 완전히 이베리아 반도에서 물러갔다. 스페인의 레콩키스타가 종료된 것이다. 1496년 교황 알렉산데르 6세는 최후의 이슬람 세력을 축출한 페르난도와 이사벨에게 '가톨릭 국왕 부처 Los Reyes Católicos'라는 칭호를 내린다.

오이무침이 향수를 자극하다

10. 2 목, 맑음

아침 일찍 일어나지 않을 수 없다. 오늘은 우리 일행 중 아내를 제외한 여성 6명이 땅끝 마을 피니스테라Finisterra에 가기로 한 날이다. 우리 부부와 신부님, 그리고 권 선배는 산티아고에 남아 미사에 참례하고 기념품을 사기로 했다. 오전 7시 30분 아줌마들을 인솔하고 산티아고 버스정류장으로 걸어간다. 모두들 앞으로 닥쳐올 땅끝 마을의 풍경에 기대를 하는 듯한 눈치다. 새벽 공기가 차다. 이제 부정하래야 부정할 수 없는 가을이 찾아왔다. 왕복 차표를 끊어 건네준 다음 대합실 의자에 앉아 버스를 기다린다. 출발시간은 정확히 9시다. 모두 버스에 탑승한 것을 확인할 때까지 마냥 앉아 있었다. 떠나버린 대합실은 쓸쓸하다. 홀로 알베르게로 되돌아온다.

사람을 위로한다는 것은 특별한 행동이 필요치 않을 때가 있다. 그냥 곁에 있어주며 이야기를 들어주는 것만으로도 위로가 되기 때문이다. 이기수 신부님이 그런 분이다. 산티아고 여정을 함께하면서, 신부님이 우리와 같이 걸어준다는 것 자체만으로도 나에게는 위로가 되었다. 다수의 여성을 인솔한다는 것은 그리 쉬운 일이 아니다. 이 사람 저 사람 눈치 보느라 장난도 치고, 등도 두드려 주고, 힘들어하는 것 같으면 살짝 안아주면서 애써 위로했다. 신부님께서도 어느 때는 분위기를 맞추려고 재미있는 말과 재치 있는 행동으로 아줌마들을 웃겼다, 마치 세속적인 사람처럼. 나에게는 별말이 없었지만 그런 신부님이 곁에 있어주는 것만으로도 위로를 받았다.

모두가 피니스테라로 떠나버린 정오, 신부님과 우리 부부는 산티아고 대성당으로 향했다. 어제는 신부님께서 제대祭臺에 올랐는데 오늘은 그냥 신도석에 앉아 미사를 드린다. 미사가 끝나자 붉은 옷의 전례봉사자 6명이 대향로보타푸메이로를 움직이기 시작한다. 어제 정오 미사에는 대향로에 향을 피우지 않았는데 오늘은 예전과 다름없이 향이 성당 안을 가득 채운다. 순례자들의 악취가 씻겨나간다. 더불어 마음의 걱정거리도 정화되기 시작한다. 우리 일행 중 신부님과 우리 부부, 연희 세실리아 · 은미 데레사만 대향로가 움직이는 것을 보았다. 물론 신부님과 우리 부부는 두 번씩이나 향의 내음을 맡았지만.

미사가 끝나고 신부님과 우리 부부는 분수대 앞에서 기다리던 권 선배와 함께 노천 바에서 식사를 즐긴다. 그동안 바bar에서 식사

산티아고 대성당(2013년)

할 때면 순례자 메뉴10유로를 먹어왔는데 이번에는 제대로 된 송아지 스테이크를 주문했다. 맥주까지 마시니 순례자 메뉴보다 2배나 비싼 가격이다. 그렇다고 질적으로나 양적으로나 순례자 메뉴보다 나은 것은 아니다. 그래도 운치 있는 좁은 거리에 앉아 낭만을 즐긴다는 사실이 마냥 즐겁다. 햇볕이 영역을 넓혀 우리가 앉아 있는 자리까지 침범한다. 뜨거운 햇살에 쫓겨 자리를 떠났다.

권 선배와 나는 곧장 알베르게로 향했다. 신부님과 아내는 기념품을 사기 위해 여기저기 돌아다닌다. 금방 올 줄 알았던 신부님과 아내가 너무 늦는다. 나중에 안 일이지만 신부님께서는 우리 딸아이가 앞으로 운영할 카페테리아Cafetería 내부를 장식할 기념품을 산 것이다. 그것도 한두 개가 아니라 서너 개나. 고마운 일이지만 부담이 앞선다. 오히려 내가 신부님께 사드려야 하는데…. 알베르게로 돌아온 아내와 권 선배는 장을 보러 나간다. 피니스테라에 갔던 일행들이 돌아오기 전에 음식을 만들어야 한다. 알베르게 주방에서 아내가 분주하게 소고기 사태로 수육을 만든다. 그리고 덤으로 오이무침까지. 순수한 한국식 음식이다. 이국땅에서 먹는 한국음식이 얼마나 좋겠는가! 요리를 마치고 우리는 식사를 한다. 오후 6시 40분경, 때맞춰 그녀들이 들어온다. 그녀들도 식사에 합류한다. 피니스테라에 대한 찬사도 잠시, 말없는 식사시간이 계속된다. 수육도 맛있지만 고춧가루를 가미한 한국식 오이무침이 일품이었는가 보다. 누군가 말한다. "소박한 오이무침에 감탄하고 수육에 환호하는 우리의 심정을 이해하도록 집에 있는 남편들도 산티아고 순례를 보내야 한다"라고.

카미노를 걷다 보면 평소에 필요하다고 생각했던 것들이 우리 삶에 그다지 중요하지 않다는 것을 깨닫는다. 오히려 그것이 삶을 무겁고 지치게 만든다. 그리고 자유롭지 못하게 옭아매기도 한다. 카미노는 우리에게 말한다, 물건이든지 생각이든지 손에 움켜잡고 허덕일 때 삶은 더 어렵고 피폐해질 것이라는 사실을. 꽉 움켜쥔

두 손을 펴고 무거움을 놓아버리는 용기가 필요하다. 카미노는 정말 조금만을 원한다. 그 조금만으로도 생활하며 걸을 수 있다는 것이 놀라울 따름이다.

그날 밤 신부님은 부산 총각 주영이를 부른다. 그리고 비싼 바지와 기능성 셔츠, 폴라폴리스 점퍼를 전해준다. 배낭을 도둑맞은 그에게 가장 필요한 물건이다. 신부님께서는 정말 필요한 물건만 제외하고 나머지 물건을 내려놓는다. 신부님은 순례에 나서기 전 배낭 무게를 7㎏ 이내로 맞추려고 했었는데, 꼭 필요한 물건만도 10㎏이 넘었다고 한다. 그런데 실제 순례를 해보니 한 번도 사용하지 않은 불필요한 물건들이 많았다는 것이다. 이런 물건을 다 빼내고 나면 6㎏ 이내로 맞출 수 있었는데 하는 아쉬움이 많았다고 한다. 다음 순례 때는 진짜 필요한 물건만 가져간단다. 다음 순례 기회가 있었으면 좋겠지만. 그리고 신부님은 말씀하신다.

"우리 인생도 마찬가지입니다. 우리들은 필요 없는 것들을 짊어지고 가는 경우가 정말 많아요. 필요 없는데 억지로 어쩔 수 없이 또는 스스로 짊어지고 가는 경우가 허다하기 때문이죠. 우리는 내려놓을 필요도 있고, 내려놓아야 하는 것도 있습니다. 인생의 짐을 과감하게 내려놓고 홀가분한 기분으로 살 필요가 있지요. 시기, 질투, 증오, 걱정 등이 그렇습니다."

산티아고에서의 마지막 밤! 알베르게 식탁에 사람들이 둘러앉아 이야기꽃을 피운다. 내일 일찍 산티아고 역에서 마드리드행 기차

어둠에 둘러싸인 산티아고 기차역

를 타야 한다. 그때 한 순례자가 에스파냐의 수도가 리스본 아니냐고 묻는다. 마드리드Madrid인데…. 포르투갈과 그 나라의 수도 리스본에 대한 역사 이야기가 나와야 할 순간이다.

서기 1093년, 카스티야 · 레온 왕국의 알폰소 6세Alfonso VI는 과거 로마군의 전진기지였던 두에로 강 하류지역의 포르투스 칼레Portus Cale와 타호 강 하류지역을 합해 새로운 포르투갈 백작령을 세웠다. 이 당시는 북아프리카의 이슬람교도들인 알모라비데 족의 침공을 받고 있던 시기였다. 알폰소 6세는 교황 우르바누스 2세에게 지원을 요청했다.

서기 1095년 예루살렘을 탈환하자는 교황 우르바누스 2세Urbanus II의 호소에 힘입어 이듬해 제1차 십자군 원정이 단행되었다. 이때 교황은 예루살렘을 탈환하려는 십자군 전쟁과 에스파냐의 레콩키스타국토회복전쟁를 동등하게 대우했다. 그리고 에스파냐에도 십자군을 조직해 파견하기에 이른다. 에스파냐의 레콩키스타도 십자군 전쟁으로 인정되었다. 에스파냐의 십자군 전쟁에서 가장 혁혁한 전공을 세운 기사는 프랑스 부르고뉴 출신의 귀족 라이문도와 그의 사촌 엔리케였다. 그들의 무훈을 인정한 알폰소 6세는 라이문도를 자신의 딸 우라카Urraca, 후에 여왕이 됨와 결혼시켜 갈리시아 백작령을 통치하도록 했다. 또한 자신의 또 다른 딸 테레사를 엔리케와 결혼시켜 포르투갈 백작령을 다스리도록 하였다. 그 후 엔리케와 테레사의 아들 '아폰수 엔리케재위 1139~1185'는 자신의 외할아버지 나라에 반기를 들어 독립을 선언한다. 그는 오리케 전투1139년에서 이슬람교도들을 물리치는 대승을 거둔 이후, 1147년에는 리스본을 재정복하였다. 이로써 현재의 에스파냐 영토 안에는 그리스도교 국가인 4왕조가 존재하게 되었고, 그와 별도로 포르투갈 왕조가 성립된 것이다. 포르투갈은 1580년 펠리페 2세에 의해 에스파냐에 합병되기도 했으나, 1640년 반란을 일으켜 프랑스, 영국, 네덜란드 등의 지원을 받아 에스파냐 군대에 저항하였다. 결국 1668년 에스파냐는 아프리카의 세우타711년 북아프리카의 모로인들이 이곳을 통해 지브롤터 해협을 건너 이베리아 반도를 침공 지역을 양도받는 대신에 포르투갈의 독립을 승인하는 리스본 조약을 체결하였다. 그 뒤부터 현재까지 포르투갈은 리스본Lisbon이 수도인 독립 국가이다.

톨레도를 보지 않고는 에스파냐를 논하지 마라

10. 3일에서 4일, 맑은 날씨 지속

밤의 장막이 아직도 길게 드리워져 있다. 어둠을 가르며 산티아고 역驛으로 발길을 재촉한다. 오랜만의 행군이다. 역 구내 벤치에 앉아 기차가 오기를 기다린다. 오전 9시 5분 기차로 마드리드의 차마르틴 역으로 가기 위해서다. 우리보다 30분 앞서 권 선배는 팜플로냐로 향하는 기차에 올랐다. 권 선배는 팜플로냐에서 생장피드포르까지 걸어가며 피레네 산맥의 가을 경치를 만끽하겠다고 했다. 어느덧 붉은 해가 어둠을 헤치고 떠오른다. 드디어 플랫폼에 마드리드행 기차가 들어왔다. 이제 우리는 산티아고 순례를 마치고 되돌아간다. 그토록 그리워하던 가족과 포근한 잠자리가 있는 집으로.

오순도순 이야기꽃을 피우던 것도 잠시, 모두 고개를 떨어뜨리고 단잠에 빠져든다. 피곤함이 사라진다. 오후 2시 30분 마드리드가 가까워지자 배낭을 챙겨 든다. 전철을 타고 우리의 숙박지 까친연 까미노 친구연합을 찾아갔다. 한가한 시간을 즐길 여유도 없다. 샤워와 손빨래를 마친 아줌마 부대는 밖으로 나간다. 장을 보고 저녁식사를 준비한다. 모처럼 한국식 해물탕과 돼지고기 두루치기가 나온다. 그러나 기대했던 김치는 없다. 이곳은 한국인이 운영하는 민박집이라 김치를 비치해 두어야 하는데 공교롭게도 이날은 없단다.

다음 날 아침 승용차 한 대와 승합차 한 대가 앞서거니 뒤서거니 달린다. 마드리드에서 1시간 20여 분 걸리는 고도古都 톨레도Toledo를 찾아가는 길이다. 미리 예약한 현지 가이드가 차를 가져와 우리를 태우고 간다. 승용차량 비용까지 포함하여 1인당 가이드 비용은 85유로로 꽤 비싼 편이다. 원래는 전철이나 버스를 타고 갈까 했지만 나를 제외한 대부분의 사람들은 순례길의 피곤함을 연장시킬 필요가 없다는 것이다. 비용이 많이 지출되는 것에 불만이 있었지만 다수의 의견을 따를 수밖에. 민주주의가 그러하니 말이다.

이베리아 반도에 살던 이베로 족은 로마의 침략을 받아 항전했다. 이때 에스파냐 중부지역인 라 만차La Mancha 지방은 저항이 가장 극렬했던 곳 중의 하나였다. 저항의 중심지였던 톨레도는 기원전BC 192년 로마 집정관 '마르코 풀비오'에 의해 로마의 변방으로 편입된다. 당시 로마인들은 톨레도의 지형을 보고 감탄한다. 타호Tajo 강에 의해 둘러싸인 천혜의 요새였던 까닭이다. 로마인들은 이곳 천혜의 요새를 '참고 견디며 절대 항복하지 않는 곳'이라는 뜻으로 톨레라툼Toleratum이라 불렀다. 톨레라툼에서 현재의 톨레도Toledo라는 도시 이름이 파생되었다. 에스파냐의 작은 로마 톨레도는 도시 자체가 타호 강이라는 해자와 절벽, 그리고 성벽으로 둘러싸인 성곽도시로 로마가 가장 먼저 전략적 군사기지로 사용하였다. 5세기에 이르자 로마가 쇠퇴하기 시작했다. 결국 로마는 튼튼한 방벽 역할을 하던 톨레도에서 물러난다.

6세기에 이르러 서고트 족이 왕국의 수도를 세비야에서 톨레도로 옮김으로써 톨레도는 이베리아 반도의 정치, 경제 및 문화의 중심지가 되었다. 최초 서고트 족은 아리우스파의 종교를 신봉했었다. 아리우스파는 예수의 신성神性을 인정하지 않는 이단 종파였다. 그러나 589년 레카레도Recaredo 왕이 가톨릭을 국교로 정함으로써 서고트 왕국은 명실공히 가톨릭 왕국으로 거듭나게 되었다. 이로써 톨레도는 에스파냐의 정치적인 수도이자 종교적인 수도로서 성지나 다름없는 곳이 되었다. 그러나 서기 711년 이베리아 반도를 침공한 북아프리카의 모로인들에 의해 톨레도는 이교도인 이슬람교도들의 수중에 떨어진다.

서고트 왕국이 세력을 떨칠 당시 가톨릭 대주교는 톨레도에 상주하고 있었다. 이것은 톨레도가 가톨릭교도들에게 말할 수 없이 중요하다는 의미다. 그리스도교도들에게는 이슬람 세력에게 빼앗긴 톨레도를 되찾는 것이 오랜 숙원이었다. 오늘날에도 톨레도

톨레도 전경

HOTEL

의 대성당에서는 라틴어로 미사를 진행하며, 모든 의식도 예전의 모습 그대로 행해진다. 모사라베식 미사이다. 모사라베는 이슬람의 지배를 받는 동안에도 그리스도 신앙을 저버리지 않은 사람들이다. 그리스도 군대는 모사라베의 도움을 받아 톨레도를 되찾겠다는 의지를 불태웠다. 서기 1085년 알폰소 6세는 카스티야 · 레온 왕국의 군대를 이끌고 마침내 모사라베의 도움을 받아 톨레도를 되찾는 데 성공했다. 무려 400년 가까이 계속된 이슬람의 톨레도 지배를 종식시킨 것이다. 그 결과 이베리아 반도에서 진행되던 그리스도교도와 이슬람 세력과의 싸움은 균형을 잃기 시작한다. 로마 교황은 톨레도를 에스파냐 교회의 중심지로 인정하였다. 톨레도를 되찾은 알폰소 6세는 자신을 그리스도교, 유대교와 이슬람교를 총괄하는 황제라 지칭했다. 이슬람 지배하에서 보장되던 종교의 자유는 그리스도교가 세력을 잡은 후에도 어느 정도는 그대로 유지됐다. 1087년 톨레도는 카스티야 · 레온 왕국의 수도로 정해지고 레콩키스타Reconquista, 국토회복운동의 중심지가 되었다. 그러나 1492년 카스티야의 이사벨 여왕과 아라곤의 페르난도 2세에 의해 이슬람 최후의 왕조인 그라나다의 나스르 왕조가 축출된 이후, 유대인과 모로인들은 기독교로 개종하거나 아니면 추방되어야 하는 선택의 기로에 서게 되었다. 이후 재정적으로 뛰어난 재능을 지닌 유대인들이 대거 추방됨으로써 톨레도의 경제적 번영은 하향곡선을 그릴 수밖에 없었다. 한편 카스티야의 이사벨과 아라곤의 페르난도 2세가 1469년 비밀리에 결혼식을 올린 바야돌리드Valladolid에 왕궁이 들어서는 등 한때 바야돌리드가 실질적인 행정수도로서의 역할을 담당하기도 했었다. 그러나 종교적 중심지로서의 톨레도의 위상은 결코 흔들린 적이 없었다. 서기 1561년 펠리페 2세Felipe II는 지리적 여건상 도시팽창을 기대할 수 없던 톨레도를 떠나 마드리드Madrid로 수도를 옮긴다.

굽이진 길을 돌아 산마루에 섰다. 1986년 유네스코UNESCO 세계문화유산으로 지정된 톨레도를 한눈에 내려다볼 수 있는 전망대다. 차에서 내려 전망대에 서는 순간 톨레도의 전략적 가치를 단번에 알게 되었다. 타호 강이 도시 주변의 바위를 깎아지르며 굽이쳐 흐른다. 톨레도는 마치 섬에 조성된 천연요새나 다름없다. 타호 강은 천연 해자垓字가 되어 적들의 침입을 차단했으며, 타호 강 위에는 다리가 단 세 곳밖에 없어 어느 누구도 감히 침범하지 못했다. 세 곳의 다리 중 나의 시선을 끈 곳은 로마가 건설했다는 알칸타라 다리Puente Alcantara다. 물론 과거에 수선을 하기도 했지만 2천여 년이 지난 지금도 끄떡없이 버티고 선 모습, 로마 토목기술의 백미白眉를 보여주고 있지 않은가! 그래서인지 톨레도의 별칭은 '작은 로마'다.

1212년 카스티야의 알폰소 8세는 아라곤 왕국과 나바라 왕국의 도움을 받아 '나바스 데 톨로사' 전투에서 이슬람 군대를 물리친다.

로마가 건설한 알칸타라 다리

이 전투를 기념하기 위해 알폰소 8세와 히메네스 데 라다 Ximenez de Rada 주교는 현재의 대성당을 건축하기로 결정했다. 톨레도 대성당은 고트족, 이슬람 세력, 기독교 세력이 다양하게 공존했던 곳인 만큼 다양한 건축양식이 사용되었다. 주된 양식은 고트족의 고딕 양식이지만, 실내장식은 이슬람의 무데하르 양식, 내부는 에스파냐 르네상스 양식이 적용되었다. 성당 내부 볼거리 중 으뜸은 16세기 아메리카 대륙에서 가져온 순금 純金 18kg과 은 銀 18.3kg으로 만들어진 성체현시대 聖體顯示臺, Custodia 였다. 조각들을 연결하기 위한 금 나사만도 12,000개에 이르고, 중앙의 십자가는 다이아몬드로 장식되었다니 실로 화려하기 그지없다. 이 성체현시대는 부활절 이후

톨레도 대성당

황금으로 만들어진 성체현시대

백 성모상

주째 목요일에 열리는 성체축제 때 톨레도 거리를 행진한다. 이날 톨레도 관광객은 최고조에 달한다. 하지만 나에게는 이러한 화려함보다는 순수하고 소박해 보이는 백白 성모상Virgen Blanca이 더욱 가슴에 와 닿는다. 14세기 프랑스에서 조각됐다는데 얼마나 귀중한 성물인지 경비원이 곁을 지킨다.

13세기 초부터 15세기 말까지 무려 300여 년에 걸쳐 건설된 톨레도 대성당은 지금도 에스파냐의 수석 성당으로서의 지위를 잃지 않고 있다. 이를 증명하듯 톨레도의 대주교가 이베리아 반도를 대표하는 교회의 수장으로 간주된다. 톨레도의 종교적 위상은 과거나 지금이나 한 번도 흔들린 적이 없을 정도로 굳건하다.

성벽 가장자리, 사각형의 이슬람 건축양식의 초라한 기와집이 시선을 끈다. 내부가 텅 빈 사각형의 집은 시시각각 위치가 변하는 태양으로부터 그늘을 확보하기 위한 무슬림Muslim, 이슬람교도들의 지혜를 엿볼 수 있는 곳이다. 유대인들의 옛 성전으로 나중에 가톨릭교회로 탈바꿈했던 시나고가Sinagoga도 아직 자리를 굳건히 지키고 있

이슬람 건축양식의 옛집

옛 유대인 성전인 시나고가

다. 이들 건물들은 최후의 이슬람 왕조인 그라나다 왕국이 몰락한 이후 가톨릭 국왕부처, 즉 이사벨과 페르난도에 의해 추방된 설움을 아직도 간직하고 있는 듯 처량해 보였다.

마드리드로 되돌아가는 차 안에서 물끄러미 타호 강을 바라본다, 마치 카바 목욕탕Baño de la Cava 유적을 찾기라도 하듯. 그곳에서 목욕하던 세우타 총독의 딸 '플로린다 라 카바'와 그녀를 겁탈한 서고트 마지막 왕 '로드리고', 그 사건으로 인해 세우타의 총독은 지브롤터로 통하는 관문을 열어 제치고 말았다. 북아프리카의 모로인들은 손쉽게 세우타를 통과해 지브롤터 해협을 건넜다. 모로인이슬람교도들은 불과 7년여 만에 이베리아 반도를 점령해 버렸다. 그 뒤 가톨릭교도들은 무려 700여 년을 훨씬 초과하는 기나긴 세월 동안 레콩키스타Reconquista, 국토회복운동에 혼신의 힘을 다해야 했다. 모든 사건의 시초는 사소한 것에서 시작된다. 서고트족의 마지막 왕 로드리고가 그녀를 능욕하지 않았더라면 지중해로 통하는 관문 세우타는 결코 열리지 않았을 것이고, 그렇다면 모로인들이 쉽게 이베리아 반도를 정복할 수 없었을 것이다. 톨레도의 유적 하나하나가 에스파냐의 국운에 영향을 끼쳤음을 부인하기 어렵다. 톨레도를 보지 않고는 결코 스페인에스파냐을 언급할 수 없으리라.

까친연 숙소에 돌아오자마자 저녁을 준비하느라 바쁘다. 비非신도는 어쩔 수 없다. 음식을 준비해야 한다. 대신 신도들은 톨레도 대성당의 종교적 역사를 가슴에 새기며 숭고한 마음으로 미사를 드린다. 미사를 마치고 식당으로 나갔다. 냉장고에는 김치가 준비되어 있었다. 기쁜 마음에 환호했지만 양이 적어 김칫국물까지 싹싹 긁어먹는 처량함을 감수해야 했다.

숙소 사무실에서의 미사

TABERNA - RESTAURANTE
LA OTRA BOVEDA
COMES
CAFETERIA & RESTAURANTE
RESTAURANTE
COMES
Mahou

톨레도에서의 오찬

삶의 현장으로 복귀하다

10. 5일에서 6일까지

카미노산티아고 가는 길를 마친 뒤 나의 뇌리 속에는 그동안 지나쳐 온 마을과 길들이 주마등처럼 떠올랐다. 이제 떠나야 하나? 갑자기 아쉬움이 가슴 저리는 뻐근함으로 다가온다. 카미노의 매력이 여기에 있다, 왠지 모를 슬픔과 다시 걷고 싶어지는 마음.

순례지의 삶은 길을 걸을수록 단순해진다. 점차 그냥 걷고, 그냥 다니고, 그냥 살게 된다. 길의 리듬을 따라 몸을 움직이는 동안 저절로 생각의 시간들로 채워진다. 채워지고 비워지는 머릿속의 잡념들이 점차 정리될 즈음 순례는 끝이 난다. 사색, 명상, 묵상 등 생각과 관련된 모든 용어를 총동원하여 카미노를 걷는 동안 인간관계에 대해 나름 정의를 내렸다. 인간관계는 이번 순례 중 묵상의 주 의제였다.

"인간은 사랑의 대상은 될지언정 결코 믿음의 대상이 되지 못한다."

성서 해석을 자칫 잘못하면 이단이 된다. 그래서 조심스럽다. 신께서 인간을 지극히 사랑하셨는데도 인간은 숱하게 신을 배신해 왔다. 그중 대표적인 예가 '유다 이스카리옷'이 예수님을 팔아넘긴 일이다. 그런데도 예수께서는 인간의 죄를 대신하여 십자가에 못 박혀 돌아가셨다. 인간을 사랑하신 증거 중의 증거다. 그러나 이러한 인간들의 배신에도 불구하고 신은 과연 인간들을 끝까지 신뢰했을까? 사람에 대한 믿음이 크면 클수록 느끼는 배신감도 크다. 믿음을 포기하고 그냥 일방적으로 사랑하는 것이 더 나은 선택일 것이다.

이제 몇 시간 후면 비행기가 나를 인천 국제공항까지 데려다줄 것이다. 한국으로 향하는 여객기 속에서도 나의 마음은 아직 산티아고 가는 길 위에 남아 있다. 그리고 카미노의 마을 풍경들이 눈에 아른거린다. 이미 두 번째 카미노 여정을 마쳤지만 텅 빈 가슴은 채워지지 않는다. 그렇다. 나는 또 이곳 카미노로 되돌아올 것이다. 그리고 나의 운명인 양 그 길을 다시 걷게 되리라. 산티아고 가는 길, 카미노

마드리드 광장에서의 여유로움

데 산티아고! 느릿느릿 흘러가는 그곳의 여유를 갖고 싶다.

다음 날 인천 국제공항에 도착했다. 삭막한 도시. 도시는 너무 혼잡스럽고, 원색적이며, 지적인 감성이 넘쳐나는 번잡스러움을 과시한다. 곤두박질치듯 달려가는 속도의 질주 속에 느림의 미학은 어디에서도 찾아 볼 수 없다. 차량행렬과 빌딩숲 속에 고립되어버린 나 자신을 발견한다. 마음의 여유를 갖고 명상을 즐길 수 있었던 시간은 한적한 카미노를 걷던 때뿐이었다는 생각이 저절로 찾아든다. 순례가 좋은 점은 낯선 것과의 동거 기간 동안 익숙한 것에서 멀어지는 시간을 가질 수 있었다는 것이다. 카미노를 통해 배우고 깨달으며 마음을 정화시키는 과정을 반복하다 보면 자신이 변화된다.

카미노의 느낌들! 길 위의 한적함과 과거 보존적인 도시의 모습들, 소똥 냄새와 들꽃의 향기, 소박한 시골 교회와 웅대한 도시의 성당들, 발바닥의 고통과 육체적 피로감 등이 머릿속을 가득 채운다. 초점 잃은 눈동자로 서쪽 하늘을 올려다본다. 서쪽 하늘의 끝에는 굽이굽이 돌아가는 시골길이 아련히 흘러간다. 그곳이 '카미노 데 산티아고'다.

에필로그

_이기수요아킴 신부

알베르게, 성당 그리고 공동묘지Hodie Mihi Cras tibi

길을 가는 순례자를 가장 반기는 곳이 순례자 숙소라 할 수 있다. 일명 '알베르게albergue'라고 부른다. 그 숙소는 마을 안에 존재하고, 마을이 있는 곳에는 반드시 성당이 들어서 있다. 인류의 구원자이신 메시아를 고대하던 곳에 나타나신 예수가 바로 그 주인공인 것처럼 보였지만 사실은 우리 인간이 주인공이었던 셈이다. 별 볼 일 없는 우리를 위해 한복판에 나타나셨지만 그분은 소설 속의 주인공처럼 행세하지 않았다. 우리가 실세였고 주인공이었다. 그래서 우리가 따뜻한 벽난로 곁에서 잠자고 있을 때 그분은 자기 집이 아닌 짐승들이 숨 쉬던 곳에서 태어나셔야 했다. 분명 우리는 기득권층에 속해 있었고 그분은 소외된 신분으로 태어나신 것이다. 나그네 숙소가 그렇다. 하루의 고된 삶을 대변하는 땀내 나는 옷을 빨아 널고 고슬고슬하게 말릴 수 있는 곳, 생면부지의 사람들끼리 만나 눈웃음과 가벼운 인사로 소통을 나눌 수 있는 곳, 잠 잘 때는 온갖 나라에서 온 사람들이 자기네 언어를 잠시 내려놓고 나

그네들의 숨결을 서로 들이마시고 내뱉을 수 있는 곳, 그곳은 인류 공동체의 현장이었다. 여행자라면 그런 곳에 한 번쯤 몸을 맡겨 봐야 한다. 그래야 세상 돌아가는 맛을 알게 된다. 눈을 감으면 그대로 하루의 삶에 종말을 고한다. 신학교 시절 나의 한 동료는 가장 멋진 잠 속에 영원히 하느님 곁으로 다가갔었다. 하루의 삶이 다음 날 반드시 깨어 있으리라고 생각하는 교만은 버려야 한다. 그래서 예수님은 그날의 수고로움에 감사하라 했고, 그날 화를 품고 잠들지 말라 했다. 그래서 사제가 비치는 성무일도 중 잠자기 전에 바치는 끝기도에 이런 축복의 기도가 담겨 있다. "전능하신 하느님! 이 밤을 편히 쉬게 하시고, 거룩한 죽음을 맞게 하소서." 순례자 숙소에서 맞이하는 하루의 삶은 모든 것을 맡기는 종말이 될 수 있어야 가장 행복한 삶을 살았다고 할 수 있다.

알베르게에 도착할 때마다 나는 여지없이 성당으로 달려갔다. 카미노순례길에서도 수없이 기도해 왔지만 알베르게에 짐을 풀고 나면 어김없이 예수님께 달려가 기도를 올렸다. 알퐁소 성인께서 "온전히 들어오라INTRATR TOTI, 홀로 머물러라MAGNETE SOLI, 변해서 나가라EXITE ALLI"라는 짧은 세 마디의 말씀을 하셨다. 그 말씀처럼 초대받은 곳에 가면 온전히 들어가서 바깥 생각을 멀리하는 마음의 준비를 갖춘다. 그리고 세상의 온갖 잡념들에서 벗어나 일대일 면전에서 침묵으로 들여다본다. 그리고 내면의 기도를 마치고 나면 새롭게 살아갈 수 있도록 결심하고 나선다. 이것이 대체로 가톨릭 신

성당 주변의 공동묘지

자들이 사용하는 방법일 것이다. 성당에서는 순례자가 누릴 수 있는 위로를 받고 나오게 된다. 그만큼 영적인 위로의 힘은 가장 값진 보물을 얻는 것과 같다고 할 수 있다. 성당 주위에는 공동묘지가 자리를 잡고 있다. 죽음과 삶은 가장 먼 곳이 아니라 가장 가까이 있다는 것을 보여준다. 어느 묘비명에 흔한 라틴어 속담의 글귀가 크게 돋보였다. 'Hodie Mihi Cras tibi 오늘은 내가, 내일은 네가.' 맞는 말이다. 오늘은 내가 먼저 가지만, 내일은 그들의 차례가 된다. 그래서 잘 살아야 한다. 언제 어떻게 하느님께 불려갈지 알 수 없기 때문이다. 유럽 성당 내에 있는 공동묘지는 우리를 초대하는 힘을 다시 보여준다. 종말이란 두려움이 아니라 준비된 기쁨으로 초대받은 선물이라 할 수 있다.

란치아노 Lanciano 를 연상케 하는 오 세브레이로 O Cebreiro 의 성체기적 성당

가톨릭 신자가 아니면 이해할 수 없는 용어들이다. 성체聖體란 예수 그리스도께서 빵과 포도주를 통해 나눔의 만찬을 재현하는 과정에서 실제로 '빵이 살'로, '포도주가 피'로 변화된 기적을 말한다. 어떻게 그럴 수 있을까? 그리스도교 2000년 역사상 첫 번째 성체기적이 일어난 곳은 이탈리아의 '란치아노'라는 작은 마을의 성당에서였다. 지금부터 약 1200년 전, 8세기경 어느 날 아침이었다. 성 바실리오 소속의 한 사제가 미사를 드리면서 성체성사에 대해 의심하고 있었다. 사제가 성찬의 전례를 통해 축성기도를 막 마칠 때였다. 갑자기 제병 밀로 만든 작은 모양의 빵이 살아 있는 살로 변하는 것이 아닌가! 또한 포도주 역시 핏빛으로 변해 있었다. 미사에 참석한 모든 신자들이 이 기적을 목격하였다. 이러한 사실은 곧바로 교회에 보고되었다. 교회는 곧 엄격한 조사에 착수한 뒤 공식적으로 성체기적을 선포하였다. 1200년이 지난 지금도 수많은 신자들이 성지순례 코스로 란치아노를 방문하고 있다.

오 세브레이로 마을에서 일어난 기적의 성작(聖爵)과 성반(聖盤)

이런 사실을 누구보다 잘 알고 있었던 나는 '오 세브레이로' 방문도 이에 필적하는 대단한 기쁨이었다. 산티아고를 방문하기 전까지 오 세브레이로O Cebreiro에 대해 잘 알지 못했다. 그러나 사전 정보를 입수한 이후 하느님의 섭리에 대해 감사하지 않을 수 없었다. 예수님께서는 의심을 버리고 믿으라고 했지만, 사실 그 믿음을 받아들이는 대상은 각각 다르기 때문에 우리는 가끔 눈에 보이는 기적을 바라곤 한다. 나약한 인간이란 뜻이다. 예수께서는 "나는 하늘에서 내려온 살아 있는 빵이다. 내가 줄 빵은 곧 나의 살이다. 세상은 그것으로 생명을 얻게 될 것이다."라고 말했다. 물질적인 빵과 포도주를 통해서 비물질적인 하느님의 손길이 합쳐지는 순간 우리는 '신앙의 신비'라고 믿는다. 성체성사는 쉽게 풀이해 보면 '함께 나누는 식사'라 할 수 있다. 서로 생각이 달라도 그리스도인끼리는 성체를 모시면서 친교로 일치하고 있다. 따라서 성체성사는 먹는 행위에서 형제적 사랑을 나눌 수 있어야 진정한 가치가 있는 것이다. 그래서 예수께서는 "서로 사랑하여라. 서로 용서하여라"라고 수없이 당부하신 것이다. 나는 오 세브레이로의 작은 성당에서 9세기경에 무릎 꿇고 기도를 올렸던 한 농부처럼 조용히 마음의 기도를 올렸다. 내가 바치는 기도는 수많은 지적장애인들의 염원을 대신해서 봉헌된 것이다. 나는 본당사제로서의 길을 포기하고 그들 곁에 있게 해달라고 청했다. 이것이 보잘 것없는 한 사제가 갈 수 있는 길이라면, 그 부모들의 뜻대로 살아보겠다는 결심을 바치고 나왔다. 내 마음의 고향에 돌아온 것처럼 평온한 마음으로 미사를 봉헌했다. 이곳이 순례길의 마지막이 아닌데도 종착역처럼 느꼈던 이유는 무엇일까? 무언의 대화가 나를 충분히 채워주고도 남았던 곳이 오 세브레이로였다.

산티아고 대성당에서 분향제를 올리다

출발이 있으면 끝이 있다. 시작의 막연한 출발, 그리고 인생과 닮은 길고 긴 순례의 여정을 끝내고 산티아고에 도착한다. 그곳에서 마지막 한 발의 내디딤으로 모든 것이 끝났다는 약간의 허전함을 끌어안고 순례자는 감격하게 된다. 그러나 그것이 마침표가 아닌 또 다른 새로운 시작이라는 것을 우리는 잘 알고 있다. 사제가 되기 위해 어린 시절 막연히 출발했던 복사생활이 그러했다. 숱한 새벽을 열면서 성전으로 달려갔던 그 시간들이 모아져 신학교의 문을 두드리기 시작했었다. 그것은 하나의 작은 결승점이었지만 신학교 단체생활 칠 년은 정말로 고귀한 영적 투쟁이었다. 로만칼라Roman Collar를 만지작거리고 수단繡緞을 입는 순간 또 다른 욕심을 내게 된다. 겸손의 언덕 속에 존재하는 욕망은 늘 감춰지고 있었다. 사제가 된다는 것이 왜 이리 힘든 일인지 한순간 한순간 기억하며, 서품식 때 엎드려 기도했던 시간들이 엊그제 같은데 벌써 23년이란 세월이 흘렀다. 넘지 못할 시간의 커트라인은 또 다시 은퇴라는 종착점을 향해 걸어가고 있다. 그렇다. 어느덧 깨닫게 되었다. 사제가 되어가는 것이 신학생 신분으로서 매우 귀하게 보였지만 그것은 일차 방정식에 불과했다. 한때는 사제라는 귀한 존재보다도 더 소중한 것을 잊고 살아왔었다. 그것은 사제직이 갖고 있는 소중함을 더 소중하게 만들어 가야 하는 소명이었다. 사제가 중요한 것이 아니라 어떤 사제가 되느냐에 대한 질문과 답을 요구받았을 때가 가장 괴로웠던 것 같았다. 왜 기뻐해야 할 질문을 괴로워했는가? 그렇게 살고 있지 못했다는 자책감 때문이었을 것이다. 이 중년 사제의 고민은 한때 교구청에서 사회복지를 맡으면서 답을 풀게 되었다. 너무나 감사했다. 그 감사함을 바치기 위해 오늘 산티아고에 도착한 것이다.

가톨릭의 정점은 미사다. 우리는 그 안에서 오감으로 하느님을 체험하게 된다. 눈으로 보고, 귀로 듣고, 가슴으로 느끼고, 혀로 맛보고, 코로 냄새를 맡는다. 개신교 목사로서 가톨릭으로 개종한 미국의 유명한 스콧한 박사는 가톨릭 미사가 주는 오감을 이렇게 표현하고 있었다. 그렇다. 우리는 그곳에서 하느님의 부르심을 종소리로 듣고 달려갔으며, 그 성전 안에서 하느님의 말씀을 듣는

귀를 활짝 열었다. 또 성화나 성상을 통해서 눈으로 보고 가슴으로 느끼는 충동감이 내 안에 차오르고 있었다. 그분은 내가 듣고 보는 행복에다 성체성사를 통해 혀로 느끼는 행복까지 더해주었다. 참으로 감미로웠다. 고백하지 않고 당신을 만질 수 있다면 그것은 위선일 뿐이다. 죄 많은 곳에 은총이 흘러넘친다고 했다. 그분은 내가 나약한 존재라는 것을 깨달을수록 내게 더 가까이 다가오고 있었다. 구약시대에는 죄인으로서 용서를 청하려면 짐승을 잡아 대신 번제물로 해결할 수 있었다. 그 역겨움의 냄새는 상처받은 것을 치유하는 소독의 냄새요, 내 죄를 사해주는 영적인 쓰레기를 태우는 냄새였다. 이제 그 모든 행위를 당신이 스스로 짊어진 십자가의 번제물로 대신했으니 얼마나 고귀한 우리의 삶을 허락했는지 눈물을 흘리며 무릎을 꿇지 않을 수 없다. 가톨릭 성가 229번 '죽음에서 생명에로'는 그런 애절한 표현이 내 마음에 절로 솟구치게 만든다. "용서로 죄 사함의 희망 주시는 생명과 부활이신 예수 그리스도, 죽음의 고통으로 지친 우리는 마음과 눈을 들어 님 향하리다."

산티아고 대성당에 도착해서 드린 첫 미사는 성녀 소화 데레사 대축일 전야미사로 봉헌되고 있었다. 장엄한 분향제가 타오르고 있는 감격을 보았다. 가톨릭 신자가 아니면 다른 것으로 설명할 수 없는 거룩함이었다. 지난날의 모든 시간들이 여기서 나를 기다리는 듯했다. 요한묵시록 8장 3-4절은 이분을 이렇게 표현하고 있다. “다른 천사 하나가 금향로를 들고 나와 제단 앞에서 서자, 많은 향이 그에게 주어졌습니다. 모든 성도의 기도와 함께 어좌 앞 금 제단에 바치라는 것이었습니다. 그리하여 천사의 손에서 향 연기가 성도들의 기도와 함께 하느님 앞으로 올라갔습니다.” 우리의 기도는 이렇게 향 연기처럼 타오르고 있었다. 이날 미사는 다음 날 제대에서 여러 나라 사제들과 함께 대축일 미사를 드릴 수 있어서 더욱 감격스러웠다. 이날 산티아고 대성당 주임신부께서 각국의 사제들에게 신자들의 기도를 대신해서 청원기도를 할 수 있도록 배려해 주었다. 나는 다음과 같이 기도를 청원했다. “오늘 소화 데레사 대축일을 맞이하여 성녀의 영적 고향인 스페인에서 미사를 봉헌하게 된 것을 감사하게 생각합니다. 성녀께서 자신을 완전히 낮춤으로써 부활하신 예수님을 다시 만날 수 있었듯이, 우리 순례자들도 수없이 걸으며 자기 자신과 싸워가며 마음을 비워, 성녀를 본받아 온전히 자기 자신을 겸손한 마음으로 낮추어 내 안에서 그리스도를 다시 만날 수 있도록 도와주소서. 또한 우리 민족의 평화를 소화 데레사와 야고보 사도께 맡기오니, 우리에게 주어진 희생을 잘 간직하여 서로가 서로를 사랑하는 마음으로 일치하게 하소서. 우리 주 그리스도를 통하여 비나이다. Amen.”

우리 일행 열 명 중에 가톨릭 신자는 다섯 명이었지만 이날 미사에는 신자 비신자 할 것 없이 모두 참석하였고, 우리말로 바쳐지는 기도 앞에서 감격의 눈물을 흘렸다고 한다. 우리 민족이 하나 되는

산티아고 대성당에서의 미사

날이 올 때 다시 한 번 카미노를 완주할 것이다. 이제 우리는 그분을 기다린다. 다시 오실 메시아의 재림을 요한묵시록 22장 7절에서는 이렇게 알려주고 있다.

"보라, 내가 곧 간다. Et ecce venio velociter."

산티아고 가는 길에서
기독교를 느끼다

| 지은이 | 진종구

| 1판 1쇄 | 발행 2015년 4월 10일

| 발행인 | 김동훈
| 펴낸곳 | 공동체

| 주소 | 경기도 고양시 일산동구 호수로 358-39, 동문타워 1차 905호(백석동)
| 전화 | 031)920-8305(대표)
| 팩스 | 031)920-8308
| 전자우편 | compub@naver.com
| 출판등록 | 2005년 10월 6일
| 등록번호 | 제396-2005-36호

| ISBN | 978-89-6352-752-9
정가 16,000원